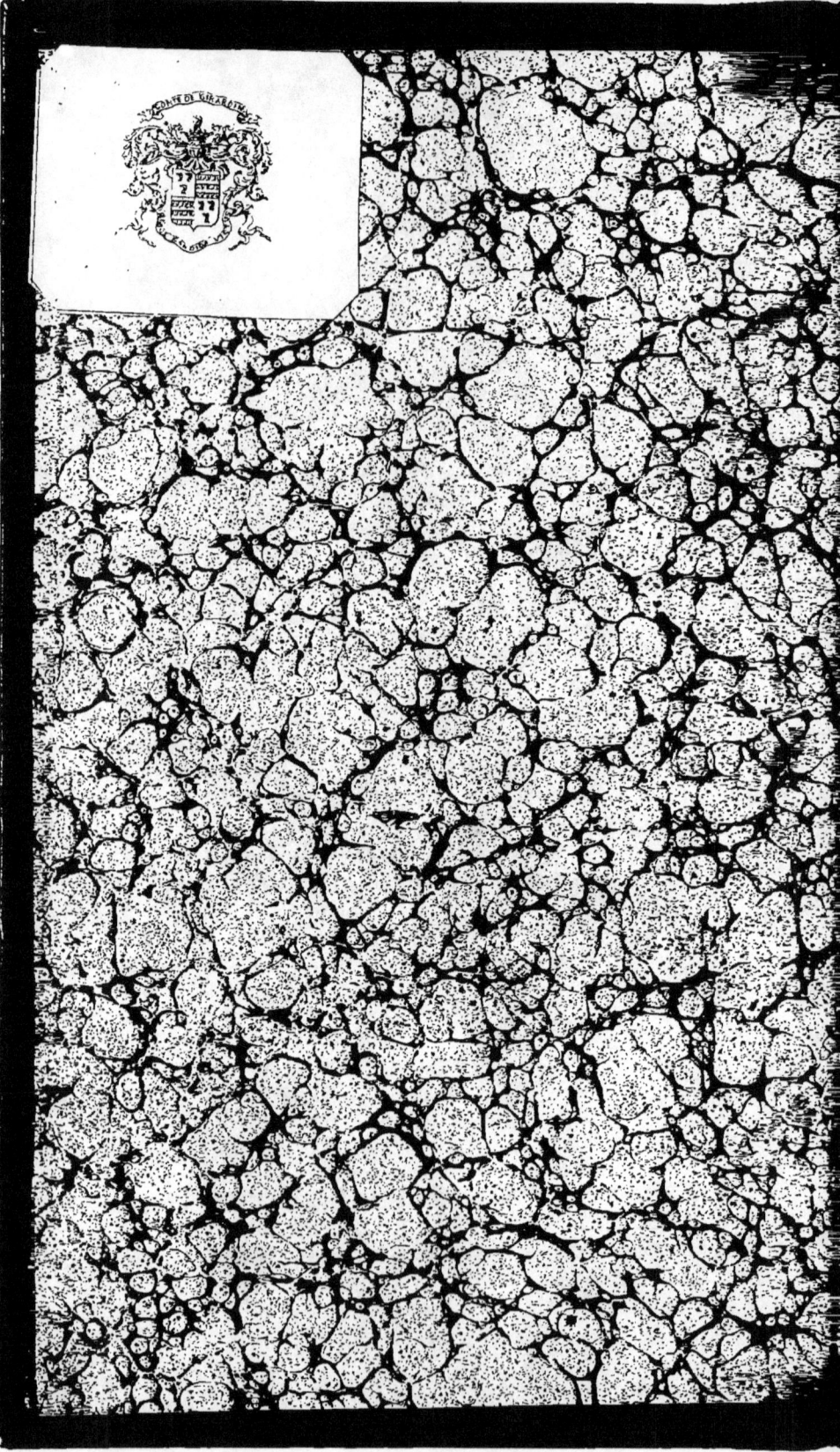

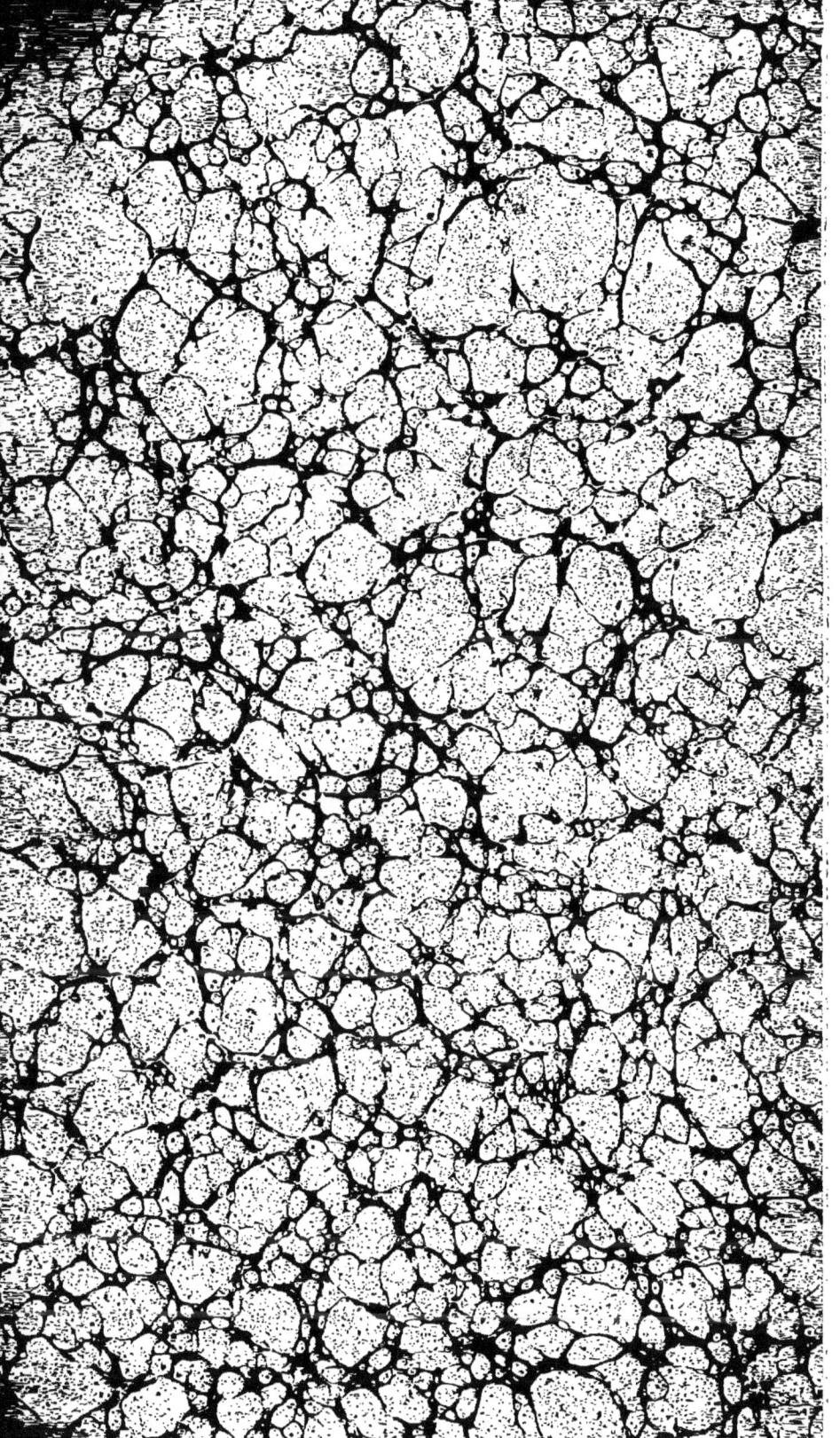

HISTOIRE AUTHENTIQUE

DE

LA COMMUNE

DE PARIS

EN 1871

DU MÊME AUTEUR

Les Suédois depuis Charles XII. 4ᵉ édition. 1 vol. in-12.

Swedenborg, scènes historiques. 1 vol. in-8.

Histoire des États européens depuis le congrès de Vienne. 6 volumes in-8.

Un dernier rêve de jeunesse. 1 volume in-8.

Histoire de mon temps :

Première série. Règne de Louis-Philippe. — Seconde République. 4 volumes in-8, 2ᵉ édition ornée de gravures.

Deuxième série. Présidence décennale. — Second empire. 2 volumes in-8, ornés de gravures.

Les salons de Paris sous Louis-Philippe Iᵉʳ. 2ᵉ édition. 1 volume in-12 orné de 12 gravures sur acier.

Les salons de Paris sous Napoléon III. 2ᵉ édition. 1 volume in-12, orné de 12 gravures sur acier.

Une intrigue dans le grand monde, roman philosophique 1 vol. in-12, orné de 1 gravure sur acier.

L'amour diplomate. roman. 1 volume in-12 orné d'une gravure sur acier.

PARIS. — IMP. SIMON RAÇON ET COMP., RUE D'ERFURTH. 1.

HISTOIRE AUTHENTIQUE

DE

LA COMMUNE

DE PARIS

EN 1871

SES ORIGINES — SON RÈGNE — SA CHUTE

PAR

LE Vte DE BEAUMONT-VASSY

PARIS

GARNIER FRÈRES, LIBRAIRES-ÉDITEURS

6, RUE DES SAINTS-PÈRES, ET PALAIS-ROYAL, 215

—

1871

HISTOIRE AUTHENTIQUE

DE

LA COMMUNE DE PARIS

EN 1871

SES ORIGINES — SON RÈGNE — SA CHUTE

CHAPITRE PREMIER

L'étude des faits historiques qui se sont produits en France depuis le 18 mars 1871 est assurément aussi curieuse qu'intéressante; mais, pour être impartiale, elle doit être abordée avec beaucoup de calme et de sérénité d'esprit.

C'est dans cette disposition morale que nous entreprenons le récit de ce monstrueux épisode de nos guerres civiles. Rien jusqu'ici, dans l'histoire du monde, ne peut lui être comparé ; car, si l'on a vu des conquérants barbares renverser et brûler des cités, détruire les monuments de l'esprit humain, anéantir les trésors des arts, on n'avait jamais pu admettre que des Français fussent assez insensés, assez misérables, pour porter une main sacrilége sur les richesses monumentales, scientifiques, artistiques, qui faisaient l'attrait, la gloire et l'orgueil de la capitale de la France.

On peut comprendre à la rigueur les dévastations d'Attila, les destructions barbares et ignorantes des Goths et des Vandales, origine du mot *vandalisme*, dans la langue française, de ce mot qui exprime et stigmatise tout dans cet ordre d'idées ; on peut admettre aussi jusqu'à un certain point le fanatisme d'Omar, brûlant la bibliothèque d'Alexandrie ; il est permis d'admirer la sauvage mais patriotique résolution de Rostopchine, incendiant la seconde capitale de la Russie, la vieille cité de Moscou.

Les actes de la Commune de Paris détruisant les palais de la grande ville, ses bibliothèques, ses musées, et jusqu'à ses entrepôts de vivres et de marchandises, ces actes inspirés par deux des passions les plus répulsives, la haine et l'envie, nul ne saura jamais les comprendre.

Nous disions que, pour aborder l'étude des faits relatifs à la domination passagère à la Commune de Paris, il fallait savoir conserver une grande sérénité d'esprit, un grand calme d'appréciation. Ajoutons qu'on ne peut l'aborder utilement, et qu'il ne faut le faire qu'entouré des documents les plus sérieux, qu'éclairé par les renseignements, les conversations, les correspondances d'hommes considérables, très au courant des faits, et aussi très-modérés (autant qu'on puisse l'être en pareil cas, lorsqu'on aime son pays), dans les jugements à porter sur les individualités comme sur les choses.

C'est précisément dans cette situation que nous nous trouvons, et c'est pour cela que nous avons entrepris de présenter ce travail au public, très-avide de connaître dans leur ensemble les événements qui viennent d'effrayer la France et l'Europe, non moins désireux peut-être d'être renseigné sur les origines apparentes ou secrètes d'une catastrophe politique certainement sans précédent et sans exemple.

CHAPITRE II

On peut admirablement appliquer à la Commune de Paris le passage de Salluste :

« Dans une ville si peuplée et si corrompue, Catilina avait rassemblé sans peine des troupes d'infâmes scélérats, qui, rangés autour de lui, semblaient composer sa garde. Tous les hommes perdus de vices et de débauches, tous ceux qui s'étaient ruinés en festins, au jeu ou avec les femmes ; ceux qui s'étaient surchargés de dettes... tout ce qu'il y avait de parricides, de sacriléges, de gens condamnés, ou qui craignaient de l'être ; tous ceux qui, pour vivre, faisaient trafic du sang des citoyens ou du parjure, enfin les malheureux que l'infamie, l'indigence et les remords poussaient au désespoir : voilà quels étaient les amis et les confidents de Catilina. »

Le tableau est complet ; il n'y a rien à y ajouter, rien à en retrancher.

Mais la Commune elle-même, qu'était-elle ? d'où nous venait-elle ?

Il y a là deux choses à distinguer : par son nom, elle se rattachait à notre histoire, à l'histoire de nos plus mauvais jours, et elle a, surtout à la fin de son existence éphémère, cherché autant que possible, par de maladroites, ridicules ou même odieuses copies, à raviver dans l'imagination publique des souvenirs qui tendaient à lui créer une parenté, une paternité dont on peut dire, à la rigueur, qu'elle n'était digne en aucune façon. Il n'y avait qu'un point de ressemblance entre elle et la Commune de 1793 : l'audace. Mais par le talent, par l'idée politique, elles ne se ressemblaient en rien. La paternité, la parenté même n'existait pas. L'apparence très-désirée, et recherchée pourtant, s'en évanouissait au moindre examen.

Voilà pour le nom et pour la similitude des tendances. Quant à l'origine, soit qu'elle le sût, soit qu'elle l'ignorât (et nous inclinerions assez à penser qu'elle l'ignorait, ou ne s'en rendait pas compte), la Commune de Paris avait, par le fait, une paternité étrangère : elle était fille, fille d'abord parfaitement reconnue, puis ensuite désavouée, de *l'Internationale*, cette terrible société secrète qui cherche à envelopper le vieux monde dans ses invisibles filets, et semble vouloir, au dix-neuvième siècle, renouveler sur les gouvernements qu'elle a condamnés les occultes entreprises des tribunaux secrets de l'Allemagne du moyen âge contre les souverains frappés d'avance par leurs sombres arrêts.

Nous venons de prononcer le mot d'Allemagne, et c'est précisément (coïncidence assez étrange!) de l'Allemagne elle-même que l'Internationale est sortie tout armée de ses doctrines fallacieuses, de ses systèmes inapplicables de rénovation sociale; systèmes d'autant plus dangereux, doctrines d'autant plus funestes, qu'elles sont comprises d'autant moins par les masses, lesquelles ne s'attachent guère, tout d'abord, qu'à la surface des choses, et, n'ayant rien à risquer, sont très-aisément disposées à faire des essais, dussent ces essais, après avoir bouleversé la société actuelle jusque dans ses fondements, ne pas leur paraître aussi avantageux que l'état de choses existant avant leur application déplorable et sanglante.

L'Internationale est sortie de l'Allemagne, et l'on peut dire qu'elle y est née. Doit-on en attribuer les premières inspirations au docteur Jacobi qui, en 1850, publia son livre sur la solidarité des travailleurs ? Faut-il remonter au premier travail de Diebneck, publié en 1847 ? Celui-ci avait ouvert les voies, et un autre livre de lui, lancé dans le public ouvrier après l'apparition de l'ouvrage du docteur Jacobi, vint fixer pour ainsi dire dans la pensée des travailleurs les théories déjà émises sur leur organisation.

Les ouvriers allemands qui, en grand nombre, venaient à Paris (nous ne nous en sommes que trop aperçu durant la guerre contre la Prusse), les ouvriers allemands importèrent en France ces idées malsaines de Jacobi et de Diebneck. Elles se confondirent naturellement, mais en gardant un goût de terroir, avec les théories socialistes de ces grands désorganisateurs dont on a voulu faire de grands hommes, et qui se nomment Proudhon, Pierre Leroux, Fourier. Elles devaient bientôt les absorber, ou, pour parler plus exactement, s'infiltrer à leur place dans les couches épaisses des travailleurs parisiens d'abord, puis bientôt dans les masses ouvrières de la province.

Et c'était tout simple, parce que, en apparence

du moins, et à première vue, elles étaient plus pratiques, plus logiques, plus sérieuses.

Elles finirent même par détrôner complétement dans l'esprit de l'ouvrier les vagues et creuses théories de Louis Blanc sur l'organisation du travail.

Les gouvernements allemands, le gouvernement prussien surtout, n'avaient pas vu sans d'assez vives inquiétudes l'éclosion et la vulgarisation de semblables doctrines. Ils poursuivirent Jacobi et Diebneck, qui furent condamnés à la détention. Le livre du docteur Jacobi avait même paru assez dangereux pour que la peine de mort fût, dans le principe, prononcée contre son auteur. Les sociétés secrètes furent plus surveillées que jamais, et il y eut là un temps d'arrêt, assez court d'ailleurs, dans l'extension progressive des tendances économiques et socialistes sur lesquelles l'Internationale allait asseoir ses larges bases.

Vers le commencement de l'année 1862, un jeune homme du nom de Karl Marx débarquait à Londres. C'était un étudiant; il avait dû fuir son pays, l'Allemagne, où il était poursuivi pour affiliation prouvée à une société secrète. Il avait même été, croyons-nous, condamné à mort par les tribunaux prussiens. Ce jeune homme, fort intelligent, du reste, était complétement imbu des doctrines de Diebneck, de Jacobi, propagées également par un Russe nommé Touatchin. Il brûlait d'organiser une vaste association capable de les réaliser, de les mettre en pratique, et il est certain qu'il avait en lui tout ce qui était nécessaire pour les faire éclore et fructifier. Son premier soin, en arrivant à Londres, fut de les répandre et de leur donner, grâce au concours de ses nombreux compatriotes déclassés comme lui, une publicité, un retentissement qui ôtaient en quelque sorte à l'association qu'on voulait fonder le caractère de société secrète, et lui donnaient presque, du premier coup, l'apparence et l'ampleur d'une institution. On sait que sur un terrain pareil l'Angleterre peut très-facilement être abusée; ses engouements, ses enthousiasmes en ce genre ne se comptent plus, et, ce qu'il y a de singulier, c'est que les hautes classes de la société anglaise ne craignent pas, nous devrions dire n'hésitent pas, à protéger, à patronner les tentatives les plus contraires à la sécurité de l'État britannique lui-même, les plus subversives de toutes les doctrines politiques et sociales sur lesquelles le gouvernement anglais est depuis si longtemps et si heureusement établi.

N'a-t-on pas vu naguère Garibaldi, ce type du condottiere, pour lequel s'emparer d'un royaume sous les yeux de l'Europe, en dépit du droit européen et de la justice, était l'affaire de quelques semaines, n'a-t-on pas vu Garibaldi non-seulement accueilli avec enthousiasme par le peuple de Londres, mais encore choyé par un certain nombre de lords, de pairs d'Angleterre ? Certes, les puissances de l'Europe, soit mollesse, soit fatigue, soit étonnement, soit défaillance, laissant créer des précédents et s'accomplir des faits d'une incalculable portée, regardant tranquillement se former et grossir l'orage qui portait dans ses flancs des révolutions et des guerres comme l'Europe n'en avait jamais vu, certes, les puissances européennes présentaient au monde un singulier spectacle. Mais parmi les faits politiques étranges de notre temps, et en dehors de l'incroyable facilité qu'on laissait au représentant par excellence des idées révolutionnaires, au défenseur de Rome en 1849, de renverser à son gré, à son heure, des gouvernements réguliers, créés en vertu des traités, et de refaire ainsi une carte politique suivant son omnipotente fantaisie, parmi tant de faits étranges, disons-nous, l'un des plus singuliers n'a-t-il pas été le patronage enthousiaste accordé par une portion notable de l'aristocratie anglaise à la personnalité compromettante de Garibaldi?

Et cependant l'Angleterre elle-même, dont le gouvernement ne peut subsister que dans les conditions spéciales où elle se trouve placée, quel que soit d'ailleurs l'esprit national qui distingue le peuple anglais, l'Angleterre doit comprendre à quel point les vieilles institutions, les vieux priviléges même, nécessaires, indispensables à son existence constitutionnelle, sont attaqués chaque jour par la jeune génération politique, ardente, impatiente de réformes, prête à envahir ce Parlement qui domine, après tout, le trône de la Grande-Bretagne!

L'aristocratie anglaise qui avait choyé Garibaldi pouvait bien patronner « l'Association internationale des travailleurs » (telle était la dénomination officielle de la nouvelle société), et elle le fit.

Karl Marx trouva dans cet appui venu de haut de grandes facilités pour la propagande qu'il s'était proposé de faire. Il en profita, et bientôt l'Internationale, dont il avait posé les bases, dont il avait surveillé l'organisation[1] et rédigé les statuts,

---

[1] Voir le n° 1 des Notes et Pièces justificatives.

prit une telle extension, qu'elle enveloppa dans son vaste réseau le nouveau monde comme l'ancien, et qu'elle absorba à son profit toutes les sociétés secrètes antérieures dont les tendances socialistes avaient quelque affinité avec les siennes. Elle les absorbait en se les assimilant.

Dans les dernières années du second Empire, alors qu'il commettait, à son point de vue, l'insigne faute, faute qu'il devait d'ailleurs joindre à tant d'autres, d'être infidèle à ses origines conservatrices et de mutiler de ses propres mains, de façon à la rendre absolument méconnaissable, la constitution qui, dans l'origine, avait fait sa force, et pouvait seule, très-probablement, assurer sa durée, l'Internationale donna pour la première fois signe de vie en France : elle causa des agitations, elle suscita des embarras, elle produisit des grèves.

A l'époque d'une de ces grèves, la plus célèbre de toutes, celle du Creuzot, il est historiquement vrai qu'elle reçut un subside, relativement assez important, de M. de Bismark. La Prusse, qui redoutait à cette époque une attaque de la France, avait un intérêt direct à créer des embarras de détail à son gouvernement. M. le prince de Bismark est un très-grand ministre, et, comme certains grands ministres, il est peu scrupuleux : il trouvait que c'était de bonne guerre ; il le fit. Mais un pareil jeu est quelquefois fort dangereux : lorsqu'on incendie la maison du voisin, la vôtre peut prendre feu à son tour.

Nous ne nions pas, du reste, que de semblables audaces ne réussissent souvent aux grands hommes d'État. La politique devrait toujours être la loyauté ; elle ne l'est pas.

Durant le siége de Paris, la main de l'Internationale se retrouve dans les tentatives insurrectionnelles du 31 octobre et du 22 janvier.

La possession d'armes et de canons en grand nombre, possession qu'on n'entendait pas se laisser disputer, ne facilitait que trop le triomphe passager, le 18 mars 1871, de la redoutable association qui a pris naissance en Allemagne, que le gouvernement prussien a stipendiée alors qu'elle pouvait lui être utile, qu'il a répudiée et contribué à écraser en France depuis qu'elle ne lui est plus bonne à rien.

CHAPITRE III

Pour nous, qui n'avons pas quitté Paris depuis la conclusion de l'armistice et qui, par conséquent, avons pu tout voir de nos propres yeux, un fait apparaît bien évident : c'est que le premier moment de renaissance, après les angoisses et les privations du siége, fut pour Paris un moment de grand espoir. Il y avait déjà un mouvement de reprise dans les affaires qui était du meilleur augure ; on savait que, poussé par une sorte de curiosité sympathique, l'étranger se disposait à se rendre à Paris pour y contempler les traces toutes récentes de la lutte, pour visiter les ruines, glorieuses celles-là, que la guerre avait faites autour de la capitale assiégée. Les beaux jours de l'exposition de 1867 allaient-ils donc se renouveler à notre profit?

Toutefois, il faut bien le dire, une inquiétude vague paralysait, dans une certaine mesure, ce premier élan de renaissance. Une partie de la garde nationale, la plus dangereuse, la plus redoutée, celle qui pendant le siége n'avait pas craint, en présence de l'étranger, sous ses yeux, sous ses bombes, de chercher à renverser par des coups de main le gouvernement de la Défense nationale, cette portion haineuse et fiévreuse de la milice citoyenne n'avait point rendu les armes, et, sommée de le faire, avait répondu par un refus formel aux injonctions de l'autorité. Ses canons, placés à Montmartre dans une position dominante et singulièrement menaçante, étaient braqués sur Paris.

L'Assemblée nationale siégeait encore à Bordeaux pendant que l'on préparait à Versailles la salle de ses séances. Quelques membres du gouvernement, entre autres M. Thiers, étaient accourus à Paris et cherchaient à remettre de l'ordre, du calme dans la cité si éprouvée. L'ordre, la stabilité, la confiance étaient, en effet, les premières et impérieuses nécessités du moment. L'illustre chef du pouvoir exécutif faisait tous ses efforts, efforts intelligents et patriotiques, pour arriver à ce résultat de racheter financièrement la France, de relever moralement et physiquement sa capitale. Comme toujours, il se préoccupait beaucoup de l'opinion publique et prêtait complaisamment l'oreille aux mille bruits qui pouvaient le diriger, le fixer dans l'exacte appréciation des sentiments, des besoins, des aspirations des masses. Les mauvaises tendances d'une certaine portion de la garde nationale lui donnaient fort à réfléchir, absorbaient même la majeure partie de son attention ; dès le début de cette grave affaire, il en avait aisément reconnu les dangers.

A cette époque, deux des plus riches industriels de Paris rencontraient sous les arcades du Palais-Royal le général Clément Thomas, dont la fin déplorable ne devait pas tarder, hélas ! à ajouter une page si honteuse à l'histoire sanglante de nos révolutions. Ces deux notables connaissaient Clément Thomas de longue date ; ils lui dépeignirent la situation véritable du Paris industriel et commercial. Ils insistèrent particulièrement sur ce point que, pour redonner promptement aux affaires une impulsion vigoureuse, il importait de calmer le plus rapidement possible les frayeurs causées par l'attitude de la garde nationale que l'on commençait déjà à nommer la garde nationale *dissi-*

dente, et surtout par la présence, sur les hauteurs de Montmartre, de ces pièces de canon pointées sur les boulevards et l'Hôtel de Ville.

L'entretien fut long. Les deux interlocuteurs de Clément Thomas parlaient au nom de tout le commerce de Paris ou, du moins, en exprimaient et reproduisaient parfaitement les craintes et les espérances. Le vieil ami des deux Cavaignac fut extrêmement frappé de ce qu'ils lui dirent ; il le répéta à des officiers supérieurs qui eux-mêmes rapportèrent ses paroles aux généraux qui étaient en communications permanentes avec le chef du pouvoir exécutif. C'était précisément abonder dans le sens de M. Thiers, et tout ce qui revenait ainsi aux oreilles de l'illustre vieillard ne pouvait que corroborer son vif désir et ses intentions d'en finir le plus promptement possible avec une situation anormale, périlleuse au premier chef et, par conséquent, des plus alarmantes. Mais quels moyens emploierait-on pour atteindre ce but, et à quel mode d'action devait-on accorder la préférence ?

Et, puisque nous avons parlé de Clément Thomas, disons encore un mot de ce vieux républicain sacrifié l'un des premiers sur l'autel de la République.

Ce n'a point été une grande figure historique

que Clément Thomas, mais une personnalité loyale, honnête, convaincue. Il appartenait, on le sait, à la coterie de l'ancien *National*. Sous-officier de cuirassiers compromis dans un complot républicain sous le règne de Louis-Philippe, il avait reparu sur la scène en 1848 et avait été, après les événements du 15 mai, nommé commandant général de la garde nationale de Paris en remplacement de M. de Courtais, ce singulier personnage dont l'inconcevable ambition était, sans doute, de jouer dans cette journée le triste rôle d'Henriot.

La ferme attitude de Clément Thomas à la suite du 15 mai avait d'abord séduit et rassuré l'opinion ; puis cette popularité éphémère s'était perdue à la suite de la discussion soulevée dans le sein de l'Assemblée Constituante par la proposition du colonel Rey, tendant à rétablir l'effigie de Napoléon Ier sur la croix de la Légion d'honneur. « Je m'étonnerais, avait dit Clément Thomas, que l'on vînt ici, devant une assemblée républicaine, se déclarer partisan de ce qui, en réalité, n'est qu'un hochet de la vanité. »

Il fallait connaître bien peu le caractère et l'esprit français pour prononcer un semblable mot, mais, dans tous les cas, ce mot affirmait singulièrement les opinions de l'orateur, et, du reste, Clément Thomas ne perdait pas une occasion de témoigner hautement son attachement à la cause républicaine, sa seule religion politique. Très-hostile à la candidature de Louis-Napoléon Bonaparte à la présidence de la République, il avait, à diverses reprises, manifesté sa répulsion pour les prétentions du neveu de l'Empereur et, lorsque, le 15 juin 1848, un orage s'éleva dans l'Assemblée à la lecture de la lettre de Louis-Napoléon, lettre dans laquelle, tout en refusant le mandat de représentant que l'élection venait de lui décerner, le prétendant impérial ajoutait : « Si le peuple m'imposait des devoirs je saurais les remplir, » Clément Thomas s'écria : « Citoyens, cette discussion doit, à mon sens, être poursuivie et menée à fin aujourd'hui même (il s'agissait de faire prononcer par l'Assemblée une sorte de mise hors la loi contre Louis Bonaparte); si les renseignements qui me sont parvenus sont exacts, peut-être est-ce une bataille que vous aurez demain. Êtes-vous prêts pour une discussion ou pour une bataille? Déclarez au moins que tout citoyen qui oserait prendre les armes pour soutenir la cause d'un despote serait traître à la patrie. »

L'Assemblée renvoya la discussion au lendemain et la bataille n'eut pas lieu ; mais Clément Thomas avait agi et parlé en républicain sincère.

Durant tout le second Empire, il se tint à l'écart et ne reparut qu'après le 4 septembre 1870 pour offrir son épée au gouvernement de la Défense nationale pendant le siége de Paris. Il fut alors nommé général dans la garde nationale et si, au 31 octobre, il mena rudement l'émeute socialiste qui faisait si bien les affaires de l'ennemi, jamais il n'a manqué aux vrais principes de république honnête, politique, pratique, la seule qui puisse avoir en ce pays-ci quelques chances de durée, principes qui avaient été ceux de toute sa vie.

Et voilà l'homme que de prétendus républicains ont traité de réactionnaire! voilà l'homme qui est tombé l'un des premiers victime des misérables qui ont mis la France à deux doigts de sa perte !

Reprenons notre récit :

Le nombre des engins de guerre dont pouvait disposer la ligue démagogique était réellement formidable. En voici le détail d'après des documents certains :

Aux buttes Montmartre, il y avait 91 pièces nouveau modèle ; 76 mitrailleuses et 4 pièces de 12. Aux buttes Chaumont, on ne comptait pas moins de 52 pièces, modèle ancien et nouveau, dont deux obusiers. A la Chapelle, se trouvaient 12 canons et 8 mitrailleuses ; à Clichy, 10 bouches à feu ; à Belleville, 16 mitrailleuses et 6 pièces transformées ; à Ménilmontant, 22 mitrailleuses, 8 pièces de 12 et 6 pièces de 7.

Enfin, la salle dite de la Marseillaise renfermait 31 pièces, ancien modèle, calibre de 12 et de 16, provenant des remparts, et la place des Vosges, 12 mitrailleuses et 18 pièces de canon.

La conspiration latente qui, depuis cinq mois, couvait au sein de la garde nationale parisienne et le laisser-aller qui suit souvent de grands événements militaires peuvent seuls expliquer une pareille agglomération d'artillerie entre les mains des dissidents, qui bientôt devaient s'appeler les fédérés.

Ils comprenaient bien leurs forces, du reste, et commençaient à parler haut. Le général d'Aurelles de Paladines ayant été appelé au commandement en chef des gardes nationales de la Seine, le citoyen E. Duval, membre du Comité de la fédération de la garde nationale, comité qui n'était qu'une émanation de la grande association secrète, n'avait pas craint de faire afficher la déclaration suivante : « Il importe de préciser notre programme. Le voici : 1° La République est au-dessus du droit des majorités ; en conséquence, nul n'a le droit de la mettre en discussion ; 2° nous voulons que nos chefs supérieurs, général, état-major, soient pris dans la garde nationale et choisis par elle. La garde nationale ne doit dépendre que d'elle-même. Nous voulons que le pouvoir militaire soit subordonné au pouvoir civil... Citoyens, on parle de pillage d'armes et de munitions : calomnie ! On nous amène des canons et nous les entourons de nos faisceaux pour empêcher qu'on les tourne contre nous. C'est notre droit. Oui, nous voulons être forts pour empêcher l'effusion du sang en vertu de cet axiome : « Pour avoir la « paix, il faut être prêt à la guerre, » car tant que le gouvernement armera, nous devons rester en armes nous-mêmes. »

De son côté, le général Cluseret adressait de Bordeaux aux gardes nationaux de la Seine une sorte de manifeste dans lequel il leur disait : « Le général d'Aurelles de Paladines est, après Gambetta et Trochu, l'homme le plus coupable envers la France. C'est lui qui a livré l'armée de la Loire à l'ennemi... Il devrait passer devant un conseil de guerre, et c'est lui que M. Thiers choisit pour mettre à votre tête. Et de quel droit cette nouvelle insulte? où est le mandat de M. Thiers, où est celui de l'Assemblée qui lui a conféré ses pouvoirs? Élue par des paysans pour un objet déterminé, traiter de la honte de la France aux frais des villes, elle a accompli son triste mandat. Maintenant, elle n'est plus rien qu'un groupe de facticieux, du jour où elle refuse de se dissoudre. La source de tout pouvoir et le seul pouvoir à Paris, c'est vous, gardes nationaux de la Seine, vous, le peuple avancé. Faites-vous respecter en arrêtant et mettant en accusation l'homme coupable qui après avoir aidé à faire le coup d'État, trahit une seconde fois la France en livrant l'armée de la Loire. Puis affirmez votre autorité ainsi que le principe de la souveraineté populaire en nommant vous-mêmes votre chef. Il n'y a pas un honnête homme en France qui puisse servir sous les ordres d'un Paladines. Deux *décembriseurs* à la tête des forces armées de la capitale, c'est trop. »

Assurément ce langage était significatif et ne prêtait point à l'équivoque. La conspiration était flagrante. Non-seulement le gouvernement devait se tenir sur ses gardes, mais il devait agir. Seulement, comment son action se produirait-elle?

Nous avons souvent, depuis les événements du 18 mars, entendu des gens de très-bonne foi regretter que le gouvernement ait cru, à cette époque, qu'il y avait *quelque chose à faire*. « On a, disent-ils, provoqué maladroitement une collision. La garde nationale dissidente se serait, à la longue, fatiguée de garder ses canons; elle les aurait rendus et, certainement, cela aurait fini tout seul. »

C'est là une erreur profonde que les événements subséquents ont dû dissiper, d'ailleurs. Il y avait une sourde et puissante conjuration qui comprenait que l'heure du triomphe avait sonné pour elle et n'aurait jamais, sous aucun prétexte, consenti à perdre une aussi belle occasion.

Les ressources militaires du gouvernement, sans être très-considérables, étaient suffisantes si l'esprit et le moral des troupes eussent été plus affermis. Les mobiles des départements ayant regagné leurs foyers ou étant sur le point de le faire, les forces gouvernementales se composaient de la garde républicaine, ancien corps des gendarmes de la garde impériale, troupe d'élite sur laquelle on pouvait compter; des gardiens de la paix publique parmi lesquels se trouvait un certain nombre d'anciens sergents de ville, enfin des quatre divisions qui devaient former la garnison de Paris. Ces derniers corps, qui avaient fait partie de l'armée de Chanzy et de celle de Faidherbe, logeaient, en grande partie, sous la tente et étaient disséminés sur plusieurs points de Paris : dans le palais de l'Industrie, aux Champs-Élysées, dans les différentes avenues qui aboutissent à l'Arc de Triomphe de l'Étoile, à l'École Militaire et au Champ de Mars. Ces divisions, qui n'étaient pas au complet, présentaient, quant à l'aspect extérieur des hommes, des traces de fatigue et de délabrement. On comprenait qu'elles n'étaient pas encore remises des épreuves d'une rude campagne d'hiver.

Pour obvier, autant que possible, au désordre moral et politique toujours croissant de la population parisienne, qui aurait dû, au contraire, dans l'intérêt de la reprise du travail et des affaires, se concentrer sérieusement en elle-même et prendre des résolutions viriles et pratiques, le général en chef Vinoy, qui, pendant l'état de siége, exerçait les pouvoirs nécessaires au maintien de l'ordre et de la police, avait suspendu la publication des journaux, *le Vengeur, le Cri du peuple, le Mot d'ordre, le Père Duchêne, la Caricature, la Bouche de fer ;* il avait décrété en même temps que la publication de tous nouveaux journaux et écrits périodiques, traitant de matières politiques et d'économie sociale, serait interdite jusqu'à la levée de l'état de siége par l'Assemblée nationale. Cette mesure était sage; les journaux supprimés n'étaient tous que des armes de guerre entre les mains de l'association qui cherchait à envelopper et étreindre Paris. Cependant, indépendamment des protestations ordinaires de la presse, cette mesure fut assez mal accueillie par l'aveugle bourgeoisie de Paris. Quelques-uns de ces journaux l'amusaient; comme les enfants, elle ne voulait pas qu'on lui enlevât ses jouets.

Cependant, après la translation et l'installation de l'Assemblée nationale à Versailles, M. Thiers, le général Le Flô, ministre de la guerre, et plusieurs autres membres du gouvernement, étaient venus à Paris dont la situation les inquiétait à bon droit. M. Thiers avait demandé au général Valentin, récemment appelé au poste de préfet de police, tous les renseignements qu'on pouvait avoir sur les individus qui composaient le Comité central et les sociétés secrètes, qui paraissaient organiser le mouvement que l'on redoutait. L'autorité ne tarda pas à s'émouvoir d'une tentative infructueuse faite auprès du commandant du parc d'artillerie de la place des Vosges. On avait prétendu que cet officier était disposé à se retirer, laissant à qui de droit la garde des canons et mitrailleuses réunis sur ce point. On envoya cinquante attelages dirigés par un officier de l'artillerie de la garde nationale, auquel on ordonna de conduire les canons au boulevard Wagram. Mais le commandant déclara que, s'il avait eu un instant l'idée d'abandonner à l'artillerie de la garde nationale le soin des pièces qui lui avaient été confiées, le moment ne lui semblait pas venu d'exécuter ce dessein et que, d'ailleurs, il ne pouvait rien faire sans avoir préalablement demandé l'avis du Comité central. Dans la nuit, des gardes nationaux du 135e et 139e bataillon, s'attelant douze par douze aux canons de la place des Vosges, les conduisirent, en traversant le faubourg Saint-Antoine, à Belleville et sur les buttes Chaumont.

Dès que l'on connut à Montmartre la tentative faite par le gouvernement, les chefs des dissidents qui gardaient les canons réunis sur cet important point stratégique, prirent des mesures pour éviter une surprise, et, sans interrompre la circulation, surveillèrent tous les promeneurs avec un soin et une attention extrêmes.

Les conseils des ministres se succédaient. Dans celui qui fut tenu le 17 mars, au ministère des affaires étrangères et qui dura de onze heures à cinq heures de l'après-midi, conseil auquel assistèrent les généraux Vinoy, Valentin et d'Aurelles de Paladines, la reprise des canons de Montmartre et des buttes Chaumont fut décidée. Dans la soirée, un nouveau conseil fut tenu par les diverses autorités militaires. Le principe de l'enlèvement des pièces qui garnissaient les hauteurs de Montmartre étant une fois admis, il s'agissait de s'entendre sur les moyens qu'on adopterait pour arriver à ce résultat sans effusion de sang, si la chose était possible. On résolut de s'emparer des canons par surprise.

De cinq à six heures du matin, le 18 mars, le rappel fut battu dans tous les quartiers de Paris. Malheureusement, les bataillons sur lesquels on pouvait compter le plus, au point de vue de l'ordre public, montrèrent une grande indifférence. La garde nationale de Paris était fatiguée du siége que la ville venait de subir. Elle était assez disposée à laisser le gouvernement agir avec le seul concours de l'armée, et puis, elle ne savait pas bien exactement quel était le service qu'on lui demandait en cette circonstance. Une proclamation, signée du chef du pouvoir exécutif et de tous les ministres, avait pourtant été affichée de bonne heure. Cette proclamation annonçait que, dans l'intérêt de Paris lui-même, le gouvernement était résolu à agir, que les canons dérobés à l'État allaient être rétablis dans les arsenaux et que, pour exécuter cet acte urgent de justice et de bon sens, on faisait appel aux bons citoyens afin qu'ils vinssent en aide à la force publique au lieu de lui résister. « Parisiens, disait en finissant cette longue proclamation, nous vous tenons ce langage parce que nous estimons votre bon sens, votre sagesse, votre patriotisme ; mais, cet avertissement donné, vous nous approuverez de recourir à la force, car il faut à tout prix, et sans un jour de retard, que l'ordre, condition de votre bien-être, renaisse entier, immédiat, inaltérable. »

Nous trouvons, pour notre propre compte, que la rédaction de ce dernier paragraphe manquait absolument de clarté. Cela voulait-il dire : Dans le cas où vous ne voudriez pas agir avec nous, nous sommes décidés, cet avertissement donné, à agir sans votre concours ? Alors la garde nationale fatiguée pouvait se dire à elle-même : Que le gouvernement agisse ! nous l'approuvons au fond ; mais il peut se passer de nous.

Il est vrai qu'une seconde proclamation, signée par M. Picard, ministre de l'intérieur et s'adressant directement aux gardes nationaux, leur disait en substance : « Devez-vous abandonner Paris à la sédition? Le gouvernement a voulu que vos armes vous fussent laissées. Saisissez-les avec résolution pour rétablir le régime des lois, sauver la République de l'anarchie qui serait sa perte. Groupez-vous autour de vos chefs : c'est le seul moyen d'échapper à la ruine et à la domination de l'étranger. »

Quoi qu'il en soit, on peut dire que les hommes d'ordre, appartenant à la milice citoyenne (et ils étaient nombreux), montrèrent une singulière mollesse dans cette malheureuse journée du 18 mars 1871.

A trois heures du matin, les hauteurs de Montmartre et de Belleville avaient été cernées par les troupes. De ce côté, les opérations militaires devaient être dirigées par les généraux Susbielle, Lecomte et Paturel. Le général Faron devait se porter sur la place de la mairie à Belleville; le général Wolf occupait celle de la Bastille. Le général Henrion gardait la Cité, et le général Bocher l'esplanade des Invalides. Quant au général en chef Vinoy, il devait surveiller l'ensemble des mouvements, sans se porter sur un point particulier.

Tout marcha bien d'abord; les troupes chargées de l'enlèvement des canons et qui, dans la nuit, avaient pris leurs positions derrière les buttes, avaient ordre de n'avancer qu'à la pointe du jour. Elles gravirent silencieusement les hauteurs, et sur tous les points la surprise fut complète; les quelques gardes nationaux dissidents qui, ce matin-là, étaient préposés à la garde des pièces, pris à l'improviste, et brusquement enveloppés, n'avaient pu opposer aucune résistance sérieuse. A dix heures, le capitaine d'état-major chargé de conduire l'opération sur les buttes avait déjà réussi à faire descendre dix-sept pièces de canon sur la place des Abbesses, à Montmartre. Mais, alors, il eût fallu pouvoir les enlever de suite d'un quartier qui commençait à s'agiter, et par une fatalité singulière, on n'avait pas sous la main la quantité d'avant-trains et de chevaux d'attelage qui eût été nécessaire pour arriver à ce résultat.

Pour comble de malheur, les troupes qui occupaient la chaussée de Clignancourt et le boulevard Rochechouart étaient circonvenues par la foule et les gardes nationaux; elles s'étaient trouvées, en quelque sorte, noyées dans le flot populaire. On criait : « Vive la ligne!... Vivent nos frères!...» Ébranlés, débordés, des soldats du 88e, et quelques chasseurs à pied avaient levé la crosse en l'air. On fraternisait, la voix des officiers n'était plus écoutée; ces derniers étaient même menacés; des clameurs retentissaient de toute part. Abandonné de ses soldats, le général Lecomte, au milieu de cet affreux désordre, se voyait insulté, arrêté et conduit provisoirement au Château-Rouge.

Cependant, revenus de leur première surprise, les gardes nationaux de Montmartre étaient accourus de tous les côtés, cherchant à reprendre leurs canons. Des coups de feu retentissaient; des pierres étaient lancées; des fantassins désarmés, ou tenant la crosse en l'air, se montraient confondus avec le peuple; le 132e bataillon de la garde nationale, qui venait de prendre possession de plusieurs postes gardés par la ligne, ainsi que de deux mitrailleuses, descendait le boulevard en criant : « Vive la ligne!... Vive la République!... » ne perdant pas son sang-froid, et comprenant la gravité de la situation, le général Susbielle, à la tête de son état-major, suivi de gardes républicains à cheval, et d'un escadron de chasseurs, s'était replié sur la place Pigalle, qui était fermée de tous côtés par un double cordon de gardes républicains à pied. Le flot de gardes nationaux, de peuple et de soldats, gagnés à l'émeute, s'avançait menaçant de tout submerger. La foule se pressait à s'étouffer sur les trottoirs et à l'entrée de la rue Rochechouart. Le général s'avança et fut accueilli par des cris hostiles; il donna l'ordre à des chasseurs à cheval de dissiper cette foule tumultueuse, mais les chevaux saisis à la bride durent reculer. Alors l'officier qui commandait le détachement fit mettre le sabre à la main, il cria : « En avant ! » Les chasseurs qui voyaient devant eux leurs camarades de l'infanterie tenant la crosse en l'air, eurent un moment d'hésitation. Cependant au second cri : « En avant! » ils s'ébranlèrent et suivirent leur chef qui avait poussé son cheval dans la foule. Mais alors les fusils de la garde nationale s'abaissèrent, des coups de feu retentirent, l'officier de chasseurs tomba ; un capitaine de la garde républicaine tomba également ; le général Paturel reçut une blessure au visage, deux aides de camp et quelques soldats furent atteints; plusieurs chevaux lancés au galop, se heurtant contre le trottoir, roulèrent à terre avec leurs cavaliers.

Dans ce désordre indescriptible, et profitant d'un moment d'indécision de la garde nationale, le général Susbielle opéra un mouvement de retraite qui devenait indispensable. Le coup était manqué, en effet; la tentative faite aux buttes Chaumont, n'avait aussi qu'imparfaitement réussi, et la situation empirait d'instant en instant. Compromettre les troupes restées encore fidèles au drapeau, en présence des honteuses défections dont le spectacle leur était offert, eût été une imprudente maladresse. On se retira dans le meilleur ordre possible, et les généraux s'efforcèrent de ramener leurs colonnes intactes dans leurs quartiers respectifs où ils attendraient de nouvelles instructions du gouvernement. Ce résultat, tout négatif qu'il fût, n'était pas même facile à obtenir dans les circonstances données.

A partir de ce moment, le terrain appartint complétement à l'émeute; de nombreuses barricades s'élevèrent; un bataillon de la garde nationale dissidente vint prendre position au coin de la rue Lepic, et posa des factionnaires chargés de surveiller toutes les rues qui montent vers Montmartre. Le Comité central, qui siégeait dans la rue des Rosiers, cerné le matin, avait repris, avec sa liberté d'action, la direction générale du mouvement. A deux heures, plusieurs points importants de Paris appartenaient aux dissidents; trente-deux barricades fermaient les rues comprises entre les buttes Chaumont et la Chapelle; il s'en élevait de très-importantes dans celles qui aboutissent à

Montmartre et à Clichy; la barrière d'Enfer était occupée par la garde nationale de Montrouge.

Arrêté au moment où une partie des troupes qu'il commandait avait mis la crosse en l'air, le général Lecomte avait, d'abord, comme nous l'avons dit, été conduit au Château-Rouge. Là on avait commencé par lui faire signer une déclaration suivant laquelle il s'engageait à ne pas tirer son épée contre Paris, puis un ordre à ses troupes qui étaient encore demeurées à leur poste pour qu'elles rentrassent à leur casernement; bientôt il avait été conduit rue des Rosiers, et sommairement interrogé par un tribunal improvisé. Fort-peu de temps après, Clément Thomas, qui, très-désireux et impatient de connaître le résultat de l'expédition matinale dont il était informé, avait commis l'imprudence de s'avancer, vêtu en bourgeois, jusqu'à Montmartre, y avait été facilement reconnu par des gardes nationaux et des mobiles. Il se voyait également arrêté, traîné au Château-Rouge, puis rapidement enlevé pour être conduit à cette fatale maison de la rue des Rosiers, où, comme son compagnon d'infortune, il allait subir une apparence d'interrogatoire. La maison qui portait le n° 6 était, ainsi que ses alentours, remplie de gardes nationaux, de soldats de la ligne, de garibaldiens et de mobiles de la Seine. L'interrogatoire subi par les deux infortunés généraux fut aussi court qu'injurieux, et, après un simulacre de jugement, on les entraîna dans le jardin. Vainement un officier garibaldien demanda-t-il en ce moment que Clément Thomas fût jugé par une cour martiale et qu'on se contentât de le maintenir en état d'arrestation, des cris de cannibales étouffèrent sa voix. Clément Thomas et Lecomte furent brutalement poussés contre un mur. On leur avait lié les mains; leurs assassins furent de misérables soldats et des gardes nationaux, parmi lesquels se trouvaient deux mobiles. Dix hommes environ firent feu sur le général Lecomte, dont l'attitude fut toujours pleine de dignité et de courage. Le général fut tué raide par une balle qui l'atteignit à la tête. Quant au malheureux Clément Thomas, son exécution avait précédé celle du général. Il ne fut que blessé par les premières décharges. « Lâches ! » criait-il à ses bourreaux. Plusieurs coups de feu l'achevèrent. Quelle mort pour ce républicain sincère, et quelles ne durent pas être les tortures morales de ses derniers instants !

Ce drame affreux se passait à quatre heures et demie. A quatre heures, avaient été conduits rue des Rosiers deux jeunes officiers de marine faits prisonniers en haut de la rue des Martyrs. C'étaient MM. de Montebello et Douville de Maillefeu. Ils furent épargnés; mais, en les relâchant à six heures du soir, on eut soin de leur indiquer, en quelque sorte, le langage qu'ils devaient tenir à propos de cette horrible catastrophe, et les membres présents du Comité affectèrent de protester devant eux de leur impuissance à contenir les meurtriers des deux généraux. Plus tard le *Journal officiel* de la Commune devait être plus franc en insérant une proclamation dans laquelle ce meurtre était pleinement approuvé.

Un officier d'ordonnance du ministre de la guerre, M. le capitaine Beugnot, chargé par le général Le Flô d'explorer les quartiers de Belleville et de Montmartre, et renversé de son cheval, à neuf heures du matin, au haut du boulevard Magenta, avait été également conduit d'abord au Château-Rouge, où se trouvaient cinq officiers, sans compter le général Lecomte, puis à la petite maison à deux étages de la rue des Rosiers. Il a assisté aux scènes affreuses qui se passèrent dans la salle étroite et obscure du rez-de-chaussée de cette maison, et il a raconté — curieux témoignage historique — que, lorsque le châssis de la fenêtre de cette salle se brisa sous les efforts du dehors et livra passage aux plus furieux, les premiers qui mirent la main sur le général Lecomte furent un caporal du 3ᵉ bataillon de chasseurs à pied, un soldat du 88ᵉ de ligne, et deux gardes mobiles dont l'un, lui mettant le poing sur la figure, lui criait : « Tu m'as donné une fois trente jours de prison ; c'est moi qui te tirerai le premier coup de fusil. » Quant au malheureux Clément Thomas, c'était une proie désignée d'avance à la fureur des gardes nationaux de Montmartre et de Belleville, à cause de la juste sévérité dont il avait fait preuve pendant le siége.

Le capitaine Beugnot et les officiers dont nous avons parlé, au nombre desquels se trouvait le capitaine Franck, du 18ᵉ bataillon des chasseurs à pied de marche, lequel avait voulu accompagner le général Lecomte, cherchant à le dégager jusqu'au dernier moment, le capitaine Beugnot, disons-nous, eut l'heureuse chance d'être rendu, ainsi qu'eux, à la liberté. Peut-être les meneurs révolutionnaires avaient-ils trouvé trop sanglant le prologue de ce sombre drame.

Mais quel épilogue il devait avoir !

CHAPITRE IV

M. Thiers avait passé toute la journée au ministère des affaires étrangères. De là il avait, ainsi que les ministres, suivi avec une grande anxiété les déplorables événements de cette journée néfaste. Les estafettes se succédaient de moment en moment dans la cour du ministère.

Le chef du pouvoir exécutif, en apprenant que les gardes nationaux appartenant au parti de l'ordre n'avaient pas répondu à l'appel du gouvernement, engagea d'abord M. Picard, ministre de l'intérieur, à faire afficher la seconde proclamation que nous avons mentionnée et qui était, comme nous l'avons vu, plus explicite que la première ; puis, comme les chefs du mouvement avaient habilement propagé des bruits de tentatives monarchiques afin d'égarer encore plus l'esprit de la milice citoyenne, M. Thiers fit publier une proclamation ainsi conçue : « On répand le bruit absurde que le gouvernement prépare un coup d'État. Le gouvernement de la République n'a et ne peut avoir d'autre but que le salut de la République. Les mesures qu'il a prises étaient indispensables au maintien de l'ordre; il a voulu et veut en finir avec un comité insurrectionnel dont les membres, presque tous inconnus à la population, ne représentent que des doctrines communistes et mettraient Paris au pillage et la France au tombeau, si la garde nationale et l'armée ne se levaient pour défendre, d'un commun accord, la patrie et la République. » Cette proclamation, indépendamment de la signature de M. Thiers, portait celle des neuf ministres.

Lorsque les défections et les défaillances de l'armée furent connues, le chef du pouvoir exécutif, envisageant avec une patriotique anxiété, mais aussi avec un grand sang-froid, l'ensemble de cette situation si déplorablement tendue, émit l'avis qu'il convenait de ne point laisser les troupes disséminées dans Paris et exposées plus longtemps à ces tentatives d'embauchage pratiquées sur elles toute la matinée. Une concentration sur un point stratégique quelconque — l'École Militaire, par exemple — lui paraissait infiniment préférable. Les ministres partagèrent cet avis.

Depuis les succès de l'insurrection sur les hauteurs de Paris, le torrent populaire s'était, en effet, précipité vers les quartiers du centre de la ville. D'abord une colonne composée de sept à huit cents hommes, gardes nationaux, garibaldiens et soldats de la ligne, s'était dirigée vers l'Hôtel de Ville. Le palais municipal devait, en effet, être l'objectif de l'émeute, et c'était vers ce point et vers la place Vendôme, où était installé l'état-major de la garde nationale, qu'allaient converger toutes les forces dont disposait le Comité central.

Déjà une cinquantaine de gardes nationaux venant de Ménilmontant et parcourant les groupes nombreux qui s'étaient formés sur la place de Grève, annonçaient que Montmartre et Belleville allaient descendre, que la victoire était désormais acquise aux *vrais* républicains, et que la Commune serait installée à l'Hôtel de Ville avant la fin de la journée.

Mais trois pièces de canon et deux mitrailleuses étaient arrivées par les quais et l'avenue Victoria, suivies d'un régiment de ligne et d'un bataillon de chasseurs à pied. Ces troupes avaient pris position sur la place, qu'elles avaient fait évacuer ; tous les ponts, depuis la place de la Bastille jusqu'au quai Saint-Michel, étaient également gardés par de forts détachements, et des patrouilles de garde républicaine à cheval parcouraient les rues avoisinantes ; l'Hôtel de Ville lui-même, ainsi que les bâtiments de l'Octroi et de l'Assistance publique, était occupé militairement.

Toutefois la pression extérieure de l'émeute se faisait sentir de plus en plus : le boulevard Saint-Michel et les quais de la rive gauche, auxquels il aboutit, étaient sillonnés par les bataillons de gardes nationaux appartenant aux quartiers Saint-Jacques et Saint-Marcel. Vers quatre heures, la foule se dirigea vers la caserne Napoléon, où se trouvaient consignés, pour avoir mis la crosse en l'air, les 29e, 59e, 51e, 54e et 101e bataillons de ligne, formant le 100e de marche. La foule criait : « Vive la République ! » aux soldats qui étaient aux fenêtres et répétaient ce cri en agitant leurs képis en l'air. Le commandant donna l'ordre de fermer les fenêtres, et les soldats disparurent aux yeux de la foule qui, furieuse, se rua sur la porte de la caserne, qu'elle chercha à enfoncer par tous les moyens possibles, sous le prétexte de délivrer les soldats punis. Le vrai motif des assaillants était, une fois entrés, de trouver le chemin du souterrain qui conduisait de la caserne dans l'intérieur de l'Hôtel de Ville, et de pénétrer ainsi dans le palais municipal.

La porte allait peut-être céder sous leurs efforts réunis, lorsque la grille de l'Hôtel de Ville s'ouvrit elle-même, donnant passage à une compagnie de la garde républicaine qui, chargeant vigoureusement la foule, la dispersa dans tous les sens.

Ce fut, d'ailleurs, la dernière répression tentée dans cette journée fatale. Le gouvernement, se sentant débordé de tous côtés, envoya aux généraux l'ordre de concentration dont nous avons parlé. Vers dix heures du soir, il quitta lui-même le ministère des affaires étrangères et se transporta à l'École Militaire, où l'accompagnèrent les généraux Vinoy et d'Aurelles de Paladines.

A peu près à la même heure, les membres du Comité central de la garde nationale prenaient possession de l'Hôtel de Ville et s'y installaient.

Dans la nuit, il y eut des tentatives de conciliation qui, d'ailleurs, ne partaient pas du véritable centre qui eût pu les faire aboutir, c'est-à-dire du centre directeur de l'insurrection et du groupe des hommes qui, en réalité, venaient de conquérir le pouvoir qu'ils tenaient désormais entre leurs mains. Il y avait en ce moment deux courants très-distincts dans l'opinion révolutionnaire parisienne : l'un provenait du groupe des députés de la Seine, maires, adjoints, aspirants aux fonctions municipales, ambitieux de toute espèce dont la plupart ne cherchaient qu'à se mettre en évidence et à profiter de l'occasion pour se faire connaître du public. Ce groupe d'hommes, auxquels on pourrait historiquement donner le nom d'*importants*, renouvelé de la Fronde, a d'ailleurs *fonctionné* jusqu'à la fin de la crise et a su gêner jusqu'au bout, par ses démarches inopportunes, l'action virile du gouvernement de Versailles.

A côté de ces eunuques politiques qui n'avaient pas l'audace des résolutions tranchées et cherchaient laborieusement à plaire à tout le monde, agissaient les véritables directeurs du mouvement, les vainqueurs réels de la journée. C'était de ceux-là seuls qu'on pouvait utilement recevoir des propositions conciliatrices. Seuls, en effet, ils avaient le pouvoir en main. Les autres ne pouvaient jouer que le rôle de la mouche du coche. Mais il faut avouer qu'ils l'ont joué consciencieusement jusqu'à la fin.

Quoi qu'il en soit, des ouvertures furent faites

dans la nuit aux membres du gouvernement retirés à l'Ecole Militaire. Les concessions demandées étaient anodines. Il s'agissait de la nomination de M. Edmond Adam comme préfet de police et de celle de M. Langlois comme général en chef de la garde nationale. On demandait en outre que M. Dorian fût appelé à la mairie de Paris et le général Billaut, membre de l'Assemblée nationale, au commandement en chef de l'armée. Ce dernier a, du reste, protesté ultérieurement à la tribune contre l'usage fait de son nom en cette circonstance et sans qu'il y fût personnellement pour rien.

Ces prétendues ouvertures amenèrent des pourparlers qui durèrent toute la nuit. Une dépêche du général Vinoy avait mandé à l'École Militaire M. Émile Labiche, secrétaire général du ministère de l'intérieur. M. Labiche, qui s'y était rendu à minuit, en repartit muni de pleins pouvoirs qui lui avaient été donnés pour accepter les concessions les plus larges en tant qu'elles seraient légitimes. Renvoyé de mairie en mairie pour trouver des gens avec lesquels il pût utilement traiter, sa nuit se passa en conversations qui ne pouvaient et ne devaient aboutir à rien de sérieux.

Le lendemain 19, le Comité central de la garde

nationale démasquant ses batteries, parce qu'il se sentait maître du terrain, faisait afficher les deux proclamations suivantes qui auraient suffi à ouvrir les yeux du chef du pouvoir exécutif sur l'inanité des pourparlers de la veille si, d'avance, il n'avait pas été édifié à cet égard.

La première était adressée au peuple. « Citoyens, disait-elle, le peuple de Paris a secoué le joug qu'on essayait de lui imposer. Calme, impassible dans sa force, il a attendu sans crainte comme sans provocation les fous éhontés qui voulaient toucher à la République. Cette fois nos frères de l'armée n'ont pas voulu porter la main sur l'arche sainte de nos libertés. Merci à tous, et que Paris et la France jettent ensemble les bases d'une République acclamée avec toutes ses conséquences, le seul gouvernement qui fermera pour toujours l'ère des invasions et des guerres civiles. L'état de siége est levé. Le peuple de Paris est convoqué dans ses sections pour faire ses élections communales. La sûreté de tous les citoyens est assurée par le concours de la garde nationale. »

La seconde proclamation, adressée aux gardes nationaux, s'exprimait ainsi : « Vous nous aviez chargés d'organiser la défense de Paris et de vos droits. Nous sommes convaincus d'avoir rempli cette mission. Aidés par votre généreux courage et votre admirable sang-froid, nous avons chassé le gouvernement qui nous trahissait. A ce moment, notre mandat est expiré et nous vous le rapportons, car nous ne prétendons pas prendre la place de ceux que le souffle populaire vient de renverser. Préparez-vous et faites de suite vos élections communales, et donnez-nous pour récompense la seule que nous ayons jamais espérée : celle de vous voir établir la seule République possible; en attendant nous conservons au nom du peuple l'Hôtel de Ville. »

A ces deux proclamations était joint un décret du Comité central ordonnant que les élections du Conseil communal de la ville de Paris auraient lieu le mercredi suivant 22 mars; que le vote se ferait au scrutin de liste et par arrondissement, et que chaque arrondissement nommerait un conseiller par chaque vingt mille habitants ou fraction excédante de plus de dix mille.

Ces trois pièces étaient signées des noms suivants, qui se trouvaient rassemblés sous le titre collectif de « Comité central de la garde nationale » et piquaient vivement la curiosité de nombreux lecteurs groupés devant les affiches :

Assi, Billioray, Ferrat, Babick, Édouard Moreau,

C. Dupont, Varlin, Boursier, Mortier, Gouhier, Lavalette, Fr. Jourde, Rousseau, Ch. Lullier, Blanchet, J. Grollard, Barroud, H. Geresme, Fabre, Pougeret.

Quels étaient ces hommes ? c'est ce que chacun se demandait ; comme les « hommes noirs » du poëte Béranger, ces hommes rouges sortaient de dessous terre. Deux noms seulement dans le nombre rappelaient quelques souvenirs : c'étaient celui d'Assi, le célèbre agitateur du Creuzot, bien connu pour appartenir à l'Internationale, et de Charles Lullier, cet officier de marine vicieux et déclassé, qui s'était fait arrêter plusieurs fois pour ses excentricités démagogiques.

Comme complément de ces communications du gouvernement qui venait de s'imposer à la ville de Paris et comptait bien s'imposer à la France, on afficha dans la journée une sorte de manifeste dont l'en-tête portait : « Fédération républicaine de la garde nationale, organe du Comité central. » Ce manifeste fort adroitement composé[1] et qui fut reproduit dès le lendemain par le *Journal officiel* accaparé par l'autorité nouvelle siégeant à l'Hôtel de Ville, allait au-devant du reproche d'obscurité

---

[1] Voir le n° 2 des Notes et Pièces justificatives.

fait aux noms des signataires des proclamations que nous venons de mentionner. On y disait : « Un des plus grands sujets de colère des honnêtes gens qui ont accepté légèrement des calomnies dignes seulement de ceux qui les avaient lancées, est l'obscurité de nos noms. Hélas ! bien des noms étaient connus, très-connus, et cette notoriété nous a été bien fatale ! »

Ce manifeste se terminait très-habilement de la sorte : « Nous, chargés d'un mandat qui faisait peser sur nos têtes une terrible responsabilité, nous l'avons accompli sans hésitation, sans peur, et dès que nous voici arrivés au but, nous disons au peuple qui nous a assez estimés pour écouter nos avis qui ont souvent froissé son impatience : Voici le mandat que tu nous as confié. Là où notre intérêt personnel commencerait, notre devoir finit. Fais ta volonté, mon maître, tu t'es fait libre. Obscurs il y a quelques jours, nous allons rentrer obscurs dans tes rangs, et montrer aux gouvernants que l'on peut descendre la tête haute les marches de ton Hôtel de Ville, avec la certitude de trouver en bas l'étreinte de ta loyale et robuste main. » Assurément ce langage n'était pas vulgaire; il attira assez vivement l'attention du public. Le Comité central et la Commune n'ont pas toujours été aussi heureux dans leurs publications.

En présence de ces actes, de la hardiesse et de la facilité avec lesquelles le pouvoir révolutionnaire envahissait en quelque sorte la ville entière, le gouvernement séant à l'École Militaire prit une sage détermination, la seule, du reste, qu'il pût convenablement adopter en cette occurrence : il fit sortir de Paris toutes les troupes qu'il avait encore sous la main et prit lui-même le chemin de Versailles. M. Thiers quitta Paris le dernier.

Il fallait cependant annoncer à la province, épouvantée de la gravité des événements, que le gouvernement légal, issu du suffrage universel, avait cru devoir quitter la capitale. Le chef du pouvoir exécutif le fit en ces termes, dans une communication officiellement adressée aux autorités départementales :

« Le gouvernement tout entier est réuni à Versailles; l'Assemblée s'y réunit également. L'armée, au nombre de 40,000 hommes, s'y est concentrée en bon ordre, sous le commandement du général Vinoy. Toutes les autorités, tous les chefs de l'armée, y sont arrivés. Les autorités civiles et militaires n'exécuteront d'autres ordres que ceux du gouvernement légal résidant à Versailles, sous peine d'être considérés en état de forfaiture. Les membres de l'Assemblée nationale sont invités à accélérer leur retour, pour être tous présents à la séance du 20 mars. La présente dépêche sera livrée à la connaissance du public. »

« Messieurs, dit M. Grévy, président de l'Assemblée, en s'adressant aux députés, chez lesquels se manifestait la volonté énergique, absolue, de maintenir intact le principe de la souveraineté nationale, messieurs, il semblait que les malheurs de la patrie étaient épuisés. Il n'en est rien. Une criminelle insurrection aggrave encore notre situation, déjà si terrible. Un gouvernement factieux s'est installé à l'Hôtel de Ville. Que la France reste calme, rangée autour de ses élus. Quoi qu'on fasse cette fois, la force restera au droit, et l'Assemblée saura se faire respecter. »

La force est restée au droit, en effet, mais après quelle lutte et quels efforts!

CHAPITRE V

Par une fatalité singulière, pendant que tous ces graves événements s'accomplissaient, et alors que l'opinion publique était encore si justement effrayée et indignée de l'assassinat des généraux Lecomte et Clément Thomas, un autre général, le brave Chanzy, tombait également aux mains sanguinaires des soldats de la Commune.

Il arrivait à la gare du chemin de fer d'Orléans, venant de Tours, et ne sachant naturellement que très-imparfaitement ce qui se passait par les vagues renseignements recueillis en route. Mais le Comité central était instruit de son voyage et prévenu de l'heure de son arrivée. Depuis quatre heures du soir, la gare d'Orléans était occupée militairement par un des bataillons dévoués à la Commune. Le train qui amenait le général s'était arrêté, comme d'habitude, en avant des fortifications, pour permettre aux contrôleurs de recueillir les billets des voyageurs. Soudain des hommes armés de revolvers se présentèrent à la portière du wagon dans lequel se trouvait, en uniforme, le commandant en chef de l'armée de la Loire. Reconnu par des soldats de la ligne, et signalé par eux aux gardes nationaux qui occupaient la gare, le général Chanzy dut descendre et suivre les fédérés qui l'arrêtaient, car toute résistance était impossible et inutile. M. Édouard Turquet, député de l'Aisne, qui se trouvait dans le même wagon que le général et ne voulait pas le quitter, refusait de reconnaître les mandats d'arrêt qu'on leur présentait, invoquant pour lui et pour le général Chanzy la qualité de députés à l'Assemblée nationale. Ils furent toutefois conduits chez le maire de l'arrondissement, ainsi que le général Langourian et un chef d'escadron, sujet américain, qui se trouvaient avec eux. Le maire, très-frappé des raisons qu'invoquait M. Turquet, et surtout de cette qualité de député qu'il faisait naturellement sonner bien haut, voulait les faire mettre immédiatement en liberté ; mais la foule s'opposa à ce dessein.

Les prisonniers furent définitivement conduits à la prison du neuvième secteur. Ils devaient de là être conduits à la prison de la Santé, et, pendant le trajet, être en butte aux insultes et aux mauvais traitements d'une multitude insensée. Le citoyen Léo Meillet, adjoint du treizième arrondissement, les protégeait fort heureusement, et intervint à plusieurs reprises pour les empêcher d'être sacrifiés à la fureur populaire. Ce fut à lui, en grande partie, que M. Turquet dut l'ordre d'élargissement qui lui permit le lendemain d'aller raconter à l'Assemblée de Versailles les terribles péripéties de cette arrestation du général Chanzy, qui ne fut relâché que plus tard, après bien des épreuves et à la grande joie des honnêtes gens, qui un moment l'avaient cru perdu.

Les premières délibérations du Comité central, réuni à l'Hôtel de Ville, avaient été longues et tumultueuses. Après avoir discuté et admis la rédaction des proclamations que nous avons citées, il avait été arrêté que « deux gouvernements ne pouvant subsister simultanément en France, tous les membres de l'Assemblée de Versailles devaient être mis hors la loi. » De plus, on décida que cinquante bataillons de la garde nationale recevraient l'ordre de se tenir prêts à se porter sur Versailles.

Plusieurs nominations furent décidées dans cette première séance, entre autres, celle du citoyen Duval à l'ex-préfecture de police. Il prenait le titre de général, directeur en chef des prisons. Ancien ouvrier fondeur, le citoyen Duval ne devait pas jouir longtemps, comme on va le voir, de ses titres et dignités.

A l'aspect des premières affiches du Comité central, les maires et adjoints de Paris, ainsi que les députés de la Seine (toujours *les Importants*), s'étaient sentis saisis d'une noble émulation, et avaient, à leur tour, publié la déclaration suivante :

« Citoyens, pénétrés de la nécessité absolue de sauver Paris et la République en écartant toute cause de collision, et convaincus que le meilleur moyen d'atteindre ce but suprême et de donner satisfaction aux vœux légitimes du peuple, **nous avons résolu de demander aujourd'hui même à l'Assemblée nationale l'adoption de deux mesures** qui, nous en avons l'espoir, contribueront, si elles sont adoptées, à ramener le calme dans les esprits. Ces deux mesures sont l'élection de tous les chefs de la garde nationale et l'établissement d'un conseil municipal élu par tous les citoyens. Ce que nous voulons, ce que le bien public réclame en toute circonstance, et ce que la situation présente rend plus indispensable que jamais, c'est l'ordre dans la liberté et par la liberté. Vive la France! Vive la République! »

Cette proclamation était signée de douze représentants de la Seine : Louis Blanc, V. Schœlcher, E. Adam, Peyrat, Floquet, Martin Bernard, Langlois, E. Lockroy, Farcy, G. Brisson, Greppo, Millière, et de presque tous les maires et adjoints de Paris.

Singulièrement aveugles en cette circonstance, ils demandèrent naïvement que leur manifeste fût imprimé à l'Imprimerie nationale. Non-seulement on le leur refusa, mais encore ils eurent bien de la peine à le faire afficher, en petit nombre d'exemplaires, sur les murs de Paris, le Comité central ayant d'abord donné l'ordre formel d'empêcher cette publication.

C'étaient bien les gens dont parle l'Évangile, qui ont des yeux pour ne point voir; et cependant le drapeau rouge flottait sur l'Hôtel de Ville, et la place Vendôme, occupée par plusieurs bataillons fédérés, défendue par des barricades garnies de canons, prenait de plus en plus l'apparence d'une place d'armes.

L'aspect de Paris était bien étrange alors. De la

Bastille à la Madeleine, des clubs en plein vent s'établissaient sur la chaussée des boulevards; on y discutait hautement les affaires du jour. Les théories gouvernementales les plus singulières, les systèmes sociaux les plus divers, y étaient exposés dans un langage coloré, trop coloré quelquefois, par des orateurs improvisés, dont quelques-uns étaient certainement à la solde de la Commune (car, il faut bien le dire, la Commune a eu aussi sa police secrète). C'était surtout lorsque la *réaction* osait relever la tête, c'est-à-dire lorsqu'un bourgeois ou un ouvrier modéré se permettait de blâmer les débuts de cette révolution sociale, flétrissait l'assassinat des généraux Lecomte et Clément Thomas ou critiquait la substitution du drapeau rouge au drapeau tricolore, que l'orateur *officiel*, vêtu d'un sale paletot ou d'une vareuse, le chef couvert d'un képi ou d'un chapeau tyrolien, prenait la parole et cherchait, d'une voix souvent avinée, à écraser l'hydre de la réaction. Parfois il arrivait, par exemple, que son interlocuteur était plus fort que lui, ou qu'un autre modéré venait à la rescousse. Alors la foule riait et huait l'orateur rouge qui, se sentant isolé, disparaissait bientôt. Dans les premiers jours qui suivirent le 18 mars, il se manifesta dans certaines portions de la population parisienne ce que l'on a appelé spirituellement la réaction du bon sens. Dans les groupes que formaient naturellement sur les points les plus fréquentés de Paris des gens en quête de nouvelles, gens qui d'ailleurs n'avaient rien à faire chez eux, puisque toutes les transactions commerciales se trouvaient interrompues, il se manifestait des sentiments ouvertement contraires au Comité central et hostiles aux gardes nationaux qui soutenaient la Commune. Quelquefois, au passage de patrouilles fédérées, on entendait crier : « Vive l'ordre! A bas les masques! Pas de carnaval! » On disait ironiquement : « Ils recommencent les sergents de ville! Où sont vos casse-tête? » La mairie du deuxième arrondissement s'était maintenue libre. Là on n'obéissait pas aux ordres du Comité central. L'amiral Saisset, passant, à cette époque, dans une rue avoisinant le boulevard des Italiens, avait été reconnu, acclamé. On lui avait fait une petite ovation, et quelques jeunes gens ayant été raconter le fait à Versailles, le gouvernement légal s'était empressé de nommer l'amiral Saisset commandant en chef de la garde nationale de Paris.

De leur côté, les représentants des trente principaux journaux de Paris signaient une déclaration collective par laquelle ils repoussaient, comme entachée d'illégalité, la convocation des électeurs de Paris pour le 22 mars, attendu que cette convocation était un acte de souveraineté nationale ; que l'exercice de cette souveraineté n'appartient qu'aux pouvoirs émanés du suffrage universel ; que, par suite, le Comité qui s'était installé à l'Hôtel de Ville n'avait ni droit ni qualité pour faire cette convocation : les représentants des journaux la considéraient donc comme nulle et non avenue, et ils engageaient les électeurs à n'en tenir aucun compte.

Et le Comité central répondait à cette protestation, dans son *Journal officiel*, en adjurant les électeurs des vingt arrondissements de Paris de se rassembler dans leurs comices au jour indiqué par la convocation, et surtout de voter pour des répucains *socialistes* connus, dévoués, intelligents, probes et courageux, seul moyen d'assurer non-seulement le salut de la capitale et de la République, mais encore celui de toute la France. C'était une occasion solennelle et décisive, occasion qui ne se retrouverait plus. Si l'électeur parisien, qui tenait son sort entre ses mains, votait suivant les conseils du Comité, il était sauvé ; s'il votait pour des réactionnaires, il était perdu.

Et ces gens-là avaient crié jadis contre les candidatures officielles et l'immixtion gouvernementale dans les élections!

En outre, une note ainsi conçue fut insérée au *Journal officiel* : « La presse réactionnaire a recours au mensonge et à la calomnie pour jeter la déconsidération sur les patriotes qui ont fait triompher les droits du peuple. Nous ne pouvons pas attenter à la liberté de la presse ; seulement, le gouvernement de Versailles ayant suspendu le cours ordinaire des tribunaux, nous prévenons les écrivains de mauvaise foi auxquels seraient applicables en temps ordinaire les lois de droit commun sur la calomnie et l'outrage, qu'ils seront immédiatement déférés au Comité central de la garde nationale. »

On voit que les tendances terroristes, d'abord soigneusement dissimulées, perçaient déjà. L'attitude de la presse, devant cette menace si directe, fut pleine de hardiesse et de dignité : l'écrivain, comme le soldat, a ses jours de périls ; à l'un pas plus qu'à l'autre la défaillance n'est permise, mais des deux côtés il est bon de distinguer et de signaler le courage.

Chez les simples citoyens appartenant au parti modéré le courage ne manquait pas non plus, et leurs sentiments commençaient à se produire assez hautement et ouvertement. Une première manifestation des amis de l'ordre eut lieu le 21 mars : vers trois heures, une colonne précédée d'un drapeau sur lequel étaient inscrits ces mots : LIGUE DES AMIS DE L'ORDRE — VIVE LA RÉPUBLIQUE! parut sur les boulevards, traversa la rue Vivienne, ainsi que tous les quartiers commerçants situés dans le rayon du deuxième arrondissement; elle se présenta sur la place de la Bourse, où le bataillon de la garde nationale de service l'accueillit avec des démonstrations sympathiques ; puis elle suivit la rue Montmartre, le boulevard Montmartre et la rue Drouot.

Encouragés par leur succès de la veille, les organisateurs de cette manifestation pacifique la renouvelèrent le lendemain : à une heure de l'après-midi une colonne nombreuse, composée, comme celle du jour précédent, d'hommes sans armes, bourgeois, artisans, gardes nationaux, soldats, mobiles, se dirigea, précédée de son drapeau, vers la place Vendôme, quartier général des bataillons de la Commune. Elle avait fait une halte sur la place du nouvel Opéra, où l'on s'était donné rendez-vous et où furent distribués des rubans bleus comme signe de ralliement. S'engageant dans la rue de la Paix, compacte, énergique, mais calme, la colonne ne rencontra d'abord aucune résistance sérieuse de la part de la compagnie fédérée qui gardait l'entrée de la rue. « Nous venons à vous sans armes, nous sommes vos frères ! » criait-on aux gardes nationaux de la Commune, et les soldats ainsi que les officiers, par un premier bon mouvement, remettaient sabres et baïonnettes au fourreau.

Mais, sur la place Vendôme, les officiers, qui de loin considéraient ce flot de peuple envahissant la rue de la Paix, s'en effrayèrent et firent battre le tambour. Les bataillons se groupèrent, on chargea les armes. Ce mouvement n'avait pas échappé aux amis de l'ordre composant la colonne : plusieurs d'entre eux s'arrêtèrent incertains, et le mouvement d'hésitation, remarqué par les fédérés de la place, leur donna le temps de se ranger en bataille. Cinq ou six cents personnes, se détachant de la colonne, se portèrent cependant en avant du côté des fédérés ; une petite avant-garde composée de vingt ou trente personnes les précédait de quelques pas. Les gardes nationaux de la Commune voyant, malgré leurs démonstrations hostiles, cette petite troupe s'avancer résolûment, croisèrent la baïonnette et se mirent en défense, comme s'ils craignaient que les gens qu'ils voyaient devant eux désarmés n'eussent des armes cachées. Les modérés parlementaient et cherchaient à leur faire comprendre qu'ils occupaient indûment un arrondissement qui n'était pas le leur. « Laissez-nous libres chez nous, disaient-ils, et nous n'irons pas vous inquiéter chez vous. Vive la liberté pour tous! Vive la République! »

Ces paroles semblaient ébranler quelques-uns des fédérés, mais la plupart conservaient une attitude farouche. Derrière eux se trouvait un capitaine fort exalté qui brandissait son sabre. Le tambour exécutait des roulements qui ressemblaient à ceux qui précèdent les sommations.

— Avancez donc! ouvrez-vous un passage! cria en ce moment un jeune lieutenant de la garde nationale qui était au premier rang de la manisfestation et portait un ruban bleu à la boutonnière ; hommes d'ordre, serez-vous donc toujours les mêmes?

Au même instant les fusils s'abaissèrent, et une décharge se fit entendre ; la foule, affolée de terreur, fuyait dans la rue de la Paix et dans les rues latérales. Les fédérés, qui venaient de recevoir des ordres de leurs chefs, avaient tiré les uns en l'air, les autres sur les amis de l'ordre, et malheureusement la fusillade se prolongea quelques instants. Sept personnes avaient été mortellement frappées dans la rue des Capucines ; dans la rue de la Paix, un soldat de la ligne, qui tenait le drapeau, était tombé à côté d'un vieillard qui avait eu la tête fracassée et d'une malheureuse cantinière. Les blessés étaient nombreux : ils se traînaient ou on les traînait de tous côtés. Parmi eux se trouvaient M. O. Hottinguer, l'un des régents de la Banque de France, M. H. de Pène, rédacteur en chef de *Paris-Journal*, M. Gaston Jollivet, M. Bellanger, propriétaire du café de la Porte-Saint-Martin, M. Miet, caissier, M. Charron et un jeune homme appartenant à une famille qualifiée de la province. Ces trois derniers succombèrent à la gravité de leurs blessures.

Cette affreuse catastrophe, dont le bruit et les conséquences avaient jeté l'épouvante sur la ligne des boulevards, plongea la ville dans le deuil et la terreur. Il était bien évident désormais que les fédérés ne reculeraient devant aucun excès pour rester maîtres du terrain qu'ils avaient conquis. Si l'on avait pu en douter, l'attitude et les paroles du Comité siégeant à l'Hôtel de Ville auraient pu facilement détruire toutes les illusions à cet égard. Ainsi, un officier d'état-major délégué du poste central de la place Vendôme étant venu, dans la séance du 22 mars, annoncer au Comité réuni le résultat de la manifestation de la journée et la façon dont les modérés avaient été reçus, après la lecture faite par le président Assi du rapport envoyé à ce sujet par le *général* Raoul du Bisson, précédemment chargé de « faire respecter les volontés du peuple, » de concert avec le général Cremer — un officier de l'armée fourvoyé dans cette galère, et qui sut en sortir à temps, — le citoyen Avoine proposa de voter des remercîments au général et à tout l'état-major, qui avaient bien mérité de la patrie, et cette proposition fut adoptée à l'unanimité. Le citoyen Viard émit alors l'avis de ne pas permettre, à l'avenir, de semblables manifestations. « Pour cela, disait-il, il faudrait de la cavalerie, » et le citoyen Rousseau demanda où on la prendrait. « On la réquisitionnera, » reprit le citoyen Viard, et la proposition fut encore adoptée ; puis on vota à l'unanimité une nouvelle déclaration au peuple de Paris. Elle était ainsi conçue : « Citoyens, votre légitime colère nous a placés, le 19 mars, au poste que nous ne devions occuper que le temps strictement nécessaire pour procéder aux élections communales. Vos maires, vos députés, répudiant les engagements pris à l'heure où ils étaient des candidats, ont tout mis en œuvre pour entraver les élections que nous voulions faire à bref délai. La réaction, soulevée par eux, nous déclare la guerre. Nous devons accepter la lutte et briser la résistance, afin que vous puissiez y procéder dans le calme de votre volonté et de votre force. En conséquence, les élections sont remises au dimanche prochain, 26 mars; jusque-là, les mesures les plus énergiques seront prises pour faire respecter les droits que vous avez revendiqués. »

Disons ici que, quelles que fussent, d'ailleurs, les bonnes et patriotiques intentions des hommes qui eurent la pensée d'exécuter les démonstrations pacifiques auxquelles l'honorable amiral Saisset ne dédaigna pas de prendre part, cette pensée n'était pas suffisamment mûrie, suffisamment pratique. Nous avouons, personnellement, ne les avoir jamais bien comprises. Pour nous, c'était trop ou trop peu. Se réunir et se présenter sans armes devant des gens armés jusqu'aux dents, nous a toujours semblé une imprudence et une puérilité. Cette démonstration nous a souvent rappelé à la mémoire la fameuse manifestation dite « des bonnets à poils » de mars 1848. On se souvient qu'avant la révolution du 24 février, les compagnies d'élite de la garde nationale portaient un uniforme particulier, dont faisait partie le bonnet à poil, coiffure à laquelle elles tenaient beaucoup. On sait aussi que le décret du gouvernement provisoire qui réorganisait la garde nationale, en y faisant entrer tous les citoyens capables de tenir une arme, avait supprimé les compagnies d'élite, afin d'établir une égalité parfaite, une complète fraternité dans l'uniforme, mesure qui avait été accueillie très-vivement par les intéressés, mécontents de se voir confondus avec les autres gardes nationaux dans des compagnies plus que triplées. Eh bien, on profita aussi de ces dispositions frondeuses pour mettre en avant l'idée d'une réclamation près du gouvernement provisoire, démonstration qui donnerait, disait-on, satisfaction immédiate aux gardes nationaux blessés dans leur susceptibilité. Une manifestation s'organisa le 16 mars, sous des inspirations diverses, les compagnies d'élite de toutes les légions y concoururent. Les gardes nationaux n'avaient voulu ou osé s'armer que de leur sabre ; mais, du moment où ils sortaient de la légalité en se rassemblant en uniforme, sans ordre, il est certain qu'ils pouvaient aussi bien prendre leur fusil, et alors la démonstration, dans quelque sens et pour quelque objet qu'elle fût tentée, devenait irrésistible. Cette manifestation avorta et ne fut que ridicule, parce qu'elle manquait d'énergie. Si les compagnies eussent été armées de leurs fusils, nul doute qu'elles n'eussent, le 16 mars 1848, brisé le gouvernement provisoire, et peut-être renversé la république elle-même, sauf à avoir à soutenir le lendemain l'attaque des prolétaires qui comptaient, pour améliorer leur sort, sur tous les hasards de cette république; lutte inégale alors, car, en pareil cas, l'avantage demeure toujours au parti qui, le premier, a su conquérir le pouvoir et profiter de toutes les ressources dont il dispose. La manifestation manqua son but. Hués et sifflés par les ouvriers des faubourgs, les grenadiers de la garde nationale de 1848, non moins confus qu'irrités de cette tentative avortée, ne tardèrent pas à se retirer en silence. Nous le répétons: ils n'avaient, faute de fusils, su être que ridicules.

La manifestation des hommes d'ordre, le 22 mars 1871, qui, elle aussi, s'était volontairement rendue impuissante, n'a évité d'être ridicule qu'à cause du sang qui a été versé!

CHAPITRE VI

En attendant, le gouvernement de l'Hôtel de Ville se renforçait et prenait de plus en plus une attitude dominatrice. L'insurrection semblait triompher partout. Le fort de Vincennes venait de tomber en son pouvoir. Depuis longtemps, sa garnison était travaillée par les adhérents au Comité central; les artilleurs et les ouvriers d'artillerie, particulièrement en butte à ces menées, étaient, en grand nombre, affiliés au parti des fédérés. Les gardes nationaux de la ville avaient de fréquentes entrevues avec les sous-officiers ou soldats du fort, et pour obvier à cet état de choses, le commandant finit par consigner sévèrement le quartier, mesure qui ne fut qu'à demi exécutée par les sous-officiers chefs de poste. Un complot se forma, à la tête duquel se trouvait le maréchal-des-logis Brunel; dans la nuit du 21 mars, Brunel fit enclouer les pièces qui défendaient les deux forts, et dans la matinée du 22, des gardes nationaux de Vincennes se présentaient devant le fort Neuf, tandis qu'une autre troupe de fédérés se montrait aux portes de la citadelle. Au fort Neuf, Brunel ordonnait de briser le pont-levis et faisait ouvrir d'abord la poterne, puis les grandes portes. Le pont jeté sur le fossé qui sépare les deux forts fut également abaissé, et la citadelle fut envahie presque sans résistance. Les artilleurs, les chasseurs à pied, les ouvriers d'artillerie et d'administration se laissèrent désarmer sans opposition, et fraternisèrent avec les fédérés, tandis que les officiers, laissés à peu près libres, sortaient de la vieille forteresse, dont l'arsenal et la manutention furent pillés.

Pendant ce temps, le gouvernement de l'Hôtel de Ville décrétait que tout individu convaincu de corruption, ou de tentative de corruption, dans le but de détourner les habitants de leurs devoirs civiques, serait immédiatement déféré au Comité central de la garde nationale.

Puis, comme il fallait de l'argent, ainsi que l'exprimaient très-carrément certains orateurs du

Comité, on envoyait à la Banque de France deux bataillons dévoués, et on exigeait du gouverneur de notre grande institution de crédit un bon de 1 million de francs, déclarant que, sans cette somme, on ne répondait pas de l'ordre. Le gouverneur fit livrer la somme sur un reçu des délégués du Comité. Des *emprunts* du même genre étaient fait simultanément à d'autres administrations, et un arrêté sévère, signé par les citoyens Varlin et Jourde, délégués au ministère des finances, ordonnait que la perception des octrois serait effectuée comme par le passé, ajoutant que les mesures les plus énergiques seraient prises contre les employés de ce service qui n'accompliraient pas leurs versements par voie administrative à la délégation des finances du Comité central.

Ce qui n'empêchait pas ce comité mystérieux, lequel avait jugé utile de se fusionner avec le « Comité de la fédération républicaine de la garde nationale, » autre éclosion du 18 mars, de songer à tout, et de s'entourer à l'Hôtel de Ville de grandes précautions militaires.

Sur la place, deux ou trois bataillons en permanence, flanqués de canons et de mitrailleuses, interdisaient complétement la circulation et ne laissaient passer à grand'peine que les gens munis de permis du Comité. A l'intérieur, des gardes nationaux, des garibaldiens, voire même des soldats réfractaires, campaient et bivouaquaient dans les cours. A chaque porte, à chaque pallier, on apercevait deux farouches sentinelles. Un poste tout entier stationnait à l'entrée de la salle de la République, autrefois salle du Trône. C'était, en effet, un sanctuaire dans lequel il était absolument impossible de pénétrer sans avoir un laissez-passer spécial. Les membres du Comité, après avoir, au début, siégé dans l'ancien cabinet du préfet, tenaient, en effet, leurs séances dans la salle de la République. Mais si, de ce côté et à cet étage, le bruit et le mouvement étaient grands, les étages supérieurs ne présentaient, en revanche, que le calme et la solitude, à peine troublés par les pas des quelques sentinelles disséminées dans les couloirs. C'est qu'en effet tous les employés, petits ou grands, de l'Hôtel de Ville, en dépit de la menace de révocation qui pesait sur eux, s'étaient éloignés, pour n'y point reparaître, de leurs bureaux aujourd'hui déserts. Pour retrouver l'animation, mais aussi le désordre, il fallait redescendre au rez-de-chaussée, où plusieurs pièces, habituellement affectées à la comptabilité des emprunts de la ville de Paris ou à d'autres services de ce genre, étaient transformées en magasins d'approvisionnement ou même en cantines. Des lits étaient dressés dans plusieurs des salons officiels que toute l'Europe a admirés et dans les appartements particuliers des préfets de la Seine.

Trois points de Paris occupés par les bataillons fédérés étaient alors curieux à visiter, car ils résumaient, en quelque sorte, et caractérisaient, pour ainsi dire, la situation : l'Hôtel de Ville, la place Vendôme et les buttes Montmartre.

Les élections eurent lieu le dimanche 26, ainsi que le Comité central l'avait ordonné. Suivant la ligne d'abstention qui leur avait été indiquée par les journaux, et ne voulant par donner par leur présence à ces opérations électorales, dont ils contestaient la légalité, une apparence sérieuse qu'elles ne devaient véritablement pas avoir, les électeurs parisiens, qui n'avaient d'ailleurs aucuns candidats à opposer à ceux du Comité central, s'abstinrent en grand nombre de se présenter au scrutin. Le résultat était prévu d'avance, du reste, et généralement, dans le parti modéré, on était absolument convaincu qu'à la manière dont se passaient les choses, et en l'absence de toute garantie contre les fourberies et déloyautés possibles, il était inutile de lutter contre des candidatures imposées par des hommes qui ne reculeraient devant rien pour les faire triompher.

Sauf très-peu d'exceptions, les hommes désignés d'avance par le Comité furent élus en effet, et la Commune de Paris se trouva définitivement constituée de la sorte :

1er arrondissement. — MM. Adam, Meline, Rochard, Barré.

2e arrondissement. — MM. Beslay, Loiseau-Pinson, Tirard, Chéron.

3e arrondissement. — MM. A. Arnaud, Demay, Pindy, Murat, Dupont.

4e arrondissement. — MM. Lefrançais, A. Arnould, Clémence, Gérardin, Amouroux.

5e arrondissement. — MM. Régère, Jourde, Tridon, Blanchet, Ledroit.

6e arrondissement. — MM. Albert Leroy, Goupil, Varlin, Beslay, Robinet.

7e arrondissement. — MM. Parisel, E. Lefèvre, Urbain, Brunel.

8e arrondissement. — MM. Raoul Rigault, Vaillant, Arthur Arnould, Jules Allix.

9e arrondissement. — MM. Ranc, Desmarest, Ulysse Parent, E. Ferry, André.

10ᵉ arrondissement. — MM. Gambon, Félix Pyat, Fortuné Henry, Champy, Babick, Rastoul.

11ᵉ arrondissement. — MM. Mortier, Delescluze, Protot, Assi, Eudes, Avrial, Verdure.

12ᵉ arrondissement. — MM. Varlin, Geresme, Fruneau, Theisz.

13ᵉ arrondissement. — MM. Léo Meillet, Duval, Chardon.

14ᵉ arrondissement. — MM. Billioray, Martelet, Descamps.

15ᵉ arrondissement. — MM. Vallès, Clément, Langevin.

16ᵉ arrondissement. — MM. Marmottan, de Bouteiller.

17ᵉ arrondissement. — MM. Varlin, Clément, Gérardin, Chalain, Malon.

18ᵉ arrondissement. — MM. Dereure, Theisz, Blanqui, J.-B. Clément, Th. Ferré, Vermorel, Paschal Grousset.

19ᵉ arrondissement. — MM. Oudet, Puget, Delescluze, Cournet.

20ᵉ arrondissement. — MM. Ranvier, Bergeret, Blanqui, Flourens.

Paris avait donc enfin le bonheur de posséder une *Commune*, ce mythe socialiste si longtemps rêvé, si ardemment attendu par les gens de bonne ou de mauvaise foi, dupes ou fripons, trompeurs ou trompés, qui, prolétaires, ne possédant rien, voulaient avoir; ambitieux, n'étant rien, aspiraient à tout; mais, au fond, quels étaient ces hommes, dont plusieurs, comme on le voit, avaient obtenu une double élection? Quelles étaient leurs doctrines? Quel système politique appliqueraient-ils? Et même avaient-ils un système politique?

Ces hommes, parmi lesquels on retrouvait presque tous les membres du Comité central, étaient d'anciens ouvriers (plombier, chapelier, ciseleur, mécanicien, cordonnier, maçon, fondeur) ou des orateurs de clubs, ou d'anciens journalistes et gens de lettres de second ordre. Quatre ou cinq d'entre eux étaient des propriétaires, médecins, maires, qui ne partageaient pas les opinions dominantes de la Commune, et furent, du reste, les premiers à donner leur démission dès qu'ils en virent de près les tendances. Ceux-là avaient été envoyés à l'Hôtel de Ville par des groupes d'électeurs qui s'étaient mis en tête de lutter contre le courant de la république rouge, et de montrer que les hommes d'ordre étaient encore en majorité lorsqu'ils daignaient s'entendre et se compter.

Quant aux autres membres de la Commune, à ceux qui jusqu'à la fin en formèrent le noyau, ils n'avaient aucun système politique (et c'est ce qui les a perdus), les uns rebattant les vieilles voies jacobines, sans faire la différence des temps, attachant une grande importance à des défroques ridicules, à de puériles dénominations; les autres, plus jeunes d'invention, mais se perdant également dans de fausses théories et représentant l'élément cosmopolite de l'Internationale.

S'ils n'avaient pas de système politique, ces gens-là avaient du moins un système social qui était admis par la grande majorité d'entre eux.

Qu'il nous soit permis, à cet égard, de mettre en avant une affirmation basée sur les renseignements et sur les documents intimes les plus curieux.

Il est acquis pour nous jusqu'à la certitude que le fond de l'idée communale était celle de la Commune propriétaire. Il ne s'agissait en apparence que des libertés communales de Paris, et bien des niais s'y sont laissés prendre. Mais avec l'élection d'un conseil municipal, comme la loi votée par l'Assemblée nationale le lui accordait, ainsi qu'aux autres villes de France, ce résultat eût été atteint, et il eût été bien inutile, pour l'obtenir, d'engager une lutte aussi sanglante. Non, ce n'était point des libertés municipales qu'il s'agissait : ce que l'on voulait, c'était l'établissement et l'affermissement définitif de la Commune telle que la rêvaient les adeptes, et qui serait devenue, après une période très-courte de *transition*, la Commune propriétaire.

Or sait-on bien ce que c'est que la commune propriétaire, cette formule la plus récente du communisme?

C'est la destruction de toute propriété individuelle, de toute initiative individuelle. Dans cet absurde système, l'hérédité étant abolie, tous les biens, tous les capitaux des gens qui habitent une commune appartiennent à la commune elle-même, dont les chefs municipaux, c'est-à-dire les tyrans, distribuent à leurs *serfs*, — car ils deviennent ainsi de véritables serfs, — c'est-à-dire aux habitants de la commune, travailleurs associés ou non, l'obole destinée à leurs besoins et à ceux de leur famille.

Qui ne comprend, quand on veut bien réfléchir un instant à ce système social, que, prétendue innovation, il est vieux comme la féodalité? qu'il tend à reproduire les anciens jours, si décriés, où l'on était attaché à la glèbe? qu'il renouvelle, en les aggravant, tous les abus renversés par la révolution de 1789? qu'il ne peut dans son application — si toutefois il est applicable — qu'encourager la paresse et détruire toute émulation? Certes, l'infirmité humaine est grande, l'esprit humain est bien incomplet; mais qui ne sourirait de pitié en voyant, à la fin du dix-neuvième siècle, donner comme un progrès cette misérable invention rétrograde, ce retour, sous un autre nom, à ce passé qu'on s'est tant glorifié d'avoir détruit! Et voilà les absurdes théories pour lesquelles des dupes, égarées par des ambitieux, combattent et meurent, en croyant combattre et mourir pour le salut de la patrie et le bonheur de leurs enfants!

Nous n'insistons même pas ici sur le sombre tableau d'une société fédéralement organisée de la sorte, et privée par ses maîtres de toute consolation religieuse (car les adeptes suppriment tous les cultes), condamnée peut-être même, dans leur pensée dominatrice, à se voir privée des liens de la famille. Une société ainsi organisée, c'est la barbarie; la commune propriétaire, c'est un couvent du moyen âge sans la foi!

Et cependant il se trouva dans Paris cinquante ou soixante mille malheureux qui crurent jusqu'à l'enthousiasme à cette ridicule mais dangereuse utopie et puisèrent dans cet enthousiasme la volonté et la possibilité de faire marcher avec eux cent mille autres individus qui pourtant détestaient au fond du cœur le régime auquel ils se voyaient soumis.

On voulut donner de l'éclat à la cérémonie de la proclamation de la Commune. Une draperie rouge à crépines d'or fut disposée au centre de la façade de l'Hôtel de Ville. Sur une estrade au sommet de laquelle avait été disposé, sur un fût de colonne, un buste de la République entouré de drapeaux rouges, étaient rangés des fauteuils au milieu desquels on remarquait un siège plus élevé destiné au président du Comité, qui s'était donné la mission de proclamer les résultats du vote. Ce président était le citoyen Assi. La cérémonie ne devait avoir lieu qu'à quatre heures, mais dès une heure commencèrent à arriver les bataillons fédérés, précédés de leurs délégués portant au bras un nœud rouge. Ces bataillons, défilant successivement, avaient beaucoup de mal à passer à travers les brèches étroites faites aux barricades dont la place était hérissée. Une fois formé, chacun de ces bataillons se rangeait en bataille, et son état-major, précédé du drapeau (invariablement rouge), allait se placer au pied de l'estrade. Mais il vint un moment où, la place étant encombrée, il fallut que les bataillons s'arrêtassent en dehors. Le flot montait toujours. La rue de Rivoli, les quais, le boulevard Sébastopol, et jusqu'aux rues Saint-Antoine, du Temple et de la Verrerie, en furent bientôt inondés. Enfin, à quatre heures, un roulement de tambours annonça l'arrivée du Comité qui, son président à sa tête, prit place sur l'estrade. Alors une batterie de pièces de 7, rangée sur le quai, fit entendre sa grosse voix ; les vivats y répondirent ; les képis s'agitèrent au bout des fusils ; les fanfares retentirent ; le citoyen Assi prononça un discours dont les paroles se perdirent dans l'immensité de la place. Puis vint la proclamation de chaque vote d'arrondissement, accueillie par des hourras et suivie de la *Marseillaise;* il y eut encore quelques discours remplis des mots vides de liberté, de fraternité et surtout de solidarité. Ensuite le canon se fit entendre de nouveau ; le défilé commençait : chaque bataillon, en passant devant l'estrade, faisait entendre de véritables hurlements et présentait les armes à ses nouveaux maîtres. Ce défilé fut interminable, et la foule s'écoula non moins lentement. La population parisienne comptait une fête de plus.

La Commune était donc proclamée et installée à

Paris. En province, la situation devenait de plus en plus sombre :

Lyon, Marseille, Toulouse, Saint-Étienne, avaient voulu suivre l'exemple de la capitale, et des mouvements insurrectionnels très-graves s'y étaient produits. Le sang avait coulé. Un préfet, M. de Lespée, avait été fusillé par l'émeute. Tout le monde comprenait que, quelles que pussent être les suites de ces tentatives hardies, elles donnaient une grande force à la Commune parisienne qui ne manquerait pas d'exploiter des événements qui lui étaient si favorables.

CHAPITRE VII

Après l'affreuse catastrophe de la place Vendôme, les gardes nationaux de l'ordre indignés avaient senti, nous ne dirons pas le courage leur revenir car ils ne l'avaient pas encore perdu, mais l'impatience les gagner. Ils s'étaient rapprochés, groupés. Des conciliabules avaient été tenus chez plusieurs officiers dévoués à l'Assemblée nationale. Supporterait-on plus longtemps le joug honteux que l'on subissait? Résisterait-on, au contraire, à la tourbe socialiste qui commençait à tyranniser Paris? Dans ce cas, quels seraient les moyens d'action et les points où il conviendrait d'agir?

L'amiral Saisset était l'intermédiaire naturel entre le gouvernement de Versailles et la garde nationale fidèle. Nommé, comme nous l'avons dit, par le pouvoir exécutif, commandant supérieur des gardes nationales de la Seine, nomination qui avait été ratifiée par les maires de Paris, mais seulement à *titre provisoire*, le commandement en chef devant être, suivant eux, ultérieurement soumis à l'élection, l'amiral Saisset avait publié une première proclamation dans laquelle, portant des paroles de conciliation et de paix, il avait annoncé que l'Assemblée nationale promettait à Paris ses franchises municipales, l'élection de tous les officiers de la garde nationale, y compris le général en chef, des modifications à la loi sur les échéances commerciales et un projet de loi sur les loyers, favorable aux locataires, jusques et y compris les loyers de 1200 francs. Plus tard, et voyant que le mouvement de résistance s'accentuait dans les bataillons dévoués à l'ordre, l'honorable vice-amiral avait, avec l'assentiment du gouvernement légal, lancé une seconde proclamation, fort belle dans sa virile simplicité, par laquelle, rappelant que la devise des marins était : « Honneur et Patrie, » il conviait les gardes nationaux modérés à se grouper autour de lui.

Ce programme reçut un commencement d'exécution. Les bataillons de l'ordre se concentrèrent à la place de la Bourse, dans le quartier de la Banque, à la mairie de la rue Drouot. On occupa la gare Saint-Lazare afin d'assurer les communications avec Versailles. L'amiral Saisset, après avoir établi son quartier-général à la Bourse, le porta au Grand-Hôtel qui fut « réquisitionné d'urgence pour un service public » et dont les portes furent tenues closes. Les deux partis étaient en présence. Celui de la Commune possédait des canons en grand nombre ; celui de l'ordre n'en avait pas. Pour rétablir un peu l'équilibre, on fit venir de Versailles quelques mitrailleuses qui ne devaient pas servir. Doute cruel, la guerre civile, la guerre entre les deux fractions de la garde nationale allait-elle éclater ? Qui prendrait l'initiative et la responsabilité de l'attaque ? Il n'y avait pas à se le dissimuler, les bataillons de la Commune étaient prêts à tout, capables de tout. On s'observa ainsi pendant trois jours. Les renseignements les plus sûrs parvenus au quartier-général de l'ordre indiquaient très-nettement qu'au noyau assez considérable des adeptes de la Commune, joints aux étrangers qu'ils avaient attirés à Paris, il fallait, dans l'énumération de ses forces militantes, ajouter un *minimum* de cent trente mille ouvriers séduit par eux et marchant de concert avec eux. L'amiral

Saisset demanda à Versailles si l'on ne pourrait pas envoyer des troupes au secours de la garde nationale fidèle ; la réponse fut embarrassée. On aurait voulu que la garde nationale se tirât toute seule du mauvais pas dans lequel l'avait placée son abstention ou du moins sa tiédeur au 18 mars. Franchement, la chose était difficile. La situation s'était singulièrement empirée. La réunion des maires et adjoints de Paris, qui devenait de plus en plus un embarras et un obstacle, paraissait opposée à toute collision dans Paris. D'un autre côté, l'inaction des gardes nationaux de l'ordre les déroutait et les énervait visiblement. L'honorable amiral Saisset, fatigué, démoralisé lui-même dans une certaine mesure, et dont le dévouement était d'autant plus beau, en cette circonstance, que son esprit était encore tout entier à la douleur profonde que lui avait causée la mort de son fils tué pendant le siége, l'amiral Saisset, disons-nous, sentant que le terrain n'était pas sûr sous ses pieds, abandonna la partie, se retira à Versailles, où il allait donner sa démission de commandant en chef, *les maires de Paris l'y ayant invité*, et laissa un ordre ainsi conçu, que son aide de camp, M. A. Clément, devait remettre au capitaine de vaisseau Trève, faisant alors les fonctions de colonel dans la garde nationale : « J'ai l'honneur d'informer MM. les chefs de corps, officiers, sous-officiers et gardes nationaux de la Seine, que je les autorise à rentrer dans leurs foyers, à dater du samedi 25, 7 heures du soir. »

Tel fut, dans son ensemble, cet épisode de notre dernière guerre civile. Les officiers de la garde nationale les plus compromis rejoignirent l'amiral Saisset à Versailles, et désormais Paris demeura courbé sous le joug honteux et pesant de la Commune.

On ne pouvait plus se faire beaucoup d'illusions, d'ailleurs, sur ses tendances despotiques et même terroristes, et les plus aveugles devaient être suffisamment éclairés par la lecture de ces lignes inscrites au *Journal officiel* de Paris : « Tous les journaux réactionnaires publient des récits plus ou moins dramatiques sur ce qu'ils appellent l'*assassinat* des généraux Lecomte et Clément Thomas. Sans doute ces actes sont regrettables, mais il importe, pour être impartial, de constater deux faits : 1° que le général Lecomte avait commandé, à quatre reprises, sur la place Pigalle, de charger une foule inoffensive de femmes et d'enfants; 2° que le général Thomas a été arrêté au moment où il levait, en vêtements civils, un plan des barricades de Montmartre. Ces deux hommes ont donc subi la loi de la guerre, qui n'admet ni l'assassinat ni l'espionnage. » L'odieux, dans ces lignes, le disputait au mensonge.

La Commune commença par publier une proclamation[1] dans laquelle elle annonçait au peuple de Paris son existence et son installation. Elle tint sa première séance le mercredi 29 mars 1871. Le citoyen Beslay, doyen d'âge, occupait le fauteuil de la présidence, et, les nominations étant hebdomadaires, le citoyen Lefrançais fut élu président pour une semaine. Le bureau de l'assemblée devait, en outre, se composer de deux secrétaires et de deux assesseurs. Raoul Rigault et Ferré furent les premiers secrétaires de la Commune ; Bergeret et Duval en furent les premiers assesseurs. Ce fut le citoyen Eudes qui demanda — pour la forme, sans doute — de donner au nouveau conseil municipal le nom de Commune de Paris, dénomination qui fut naturellement votée par acclamation.

Puis on déclara que les membres du Comité central avaient bien mérité non-seulement de Paris, mais de la France et de la République universelle.

Enfin, pour faciliter l'expédition des affaires et

[1] Voir le n° 3 des Notes et Pièces justificatives.

l'examen des projets de décrets, la Commune décida qu'elle se formerait en dix commissions, chaque commission comprenant les attributions des anciens ministères, moins les cultes, dont le budget fut supprimé et qui dépendaient de la commission de sûreté générale.

Les dix commissions décrétées furent ainsi dénommées :

1° *La Commission exécutive.* — Cette commission était chargée de faire exécuter les décrets de la Commune et tous les arrêtés des autres Commissions. Elle ne devait rien faire sans en avoir référé à la Commune. Elle siégeait à l'Hôtel de Ville.

2° *La Commission militaire.* — Remplaçant tout à la fois le Comité de la garde nationale et le ministère de la guerre, elle était chargée de la discipline, de l'armement et de l'habillement de la garde nationale. Elle transmettait ses ordres à l'état-major de la place Vendôme, qui ne relevait que d'elle ; elle devait assurer, de concert avec la Commission de sûreté générale, la sécurité de la Commune et surveiller les agissements de Versailles.

3° *La Commission des subsistances.* — Elle devait veiller à l'approvisionnement de Paris et assurer, par tous les moyens posssibles, l'arrivée à

Paris des denrées indispensables pour une durée de trois mois au moins, tout en dressant un état très-complet de tous les vivres alors en magasin.

4° *La Commission des finances*. — Elle était chargée d'établir sur de nouvelles bases le budget de la ville de Paris. Les questions de finance, loyers, échéances, étaient de son ressort, ainsi que la Banque de France et les recouvrements de l'impôt. Elle était également chargée d'examiner les moyens les plus sûrs et les moins coûteux d'assurer la réussite d'un emprunt, si la nécessité s'en faisait sentir.

5° *La Commission de la justice*. — Pour l'instant, cette Commission devait simplement mettre la justice actuelle à la hauteur des institutions démocratiques et sociales, tout en assurant son cours jusqu'à ce qu'un décret l'eût réglementée d'une façon définitive.

6° *La Commission de sûreté générale*. — Elle était chargée de la police générale, de l'ordre et de la sécurité publique. Elle devait veiller à la sûreté de la République et surveiller les citoyens suspects de toute nature.

7° *La Commission de travail, industrie et échange*. — Cette Commission était chargée de la propagation des doctrines socialistes. Elle devait chercher les moyens d'égaliser le travail et le salaire. Elle devait aussi s'occuper du moyen de développer le commerce international d'échange.

8° *La Commission des services publics*. — Elle avait pour mission de surveiller les grands services, postes, télégraphes, chemins de fer, voiries. Elle devait également étudier les moyens de mettre les chemins de fer aux mains des communes de France sans léser les intérêts des compagnies.

9° *La Commission des relations extérieures*. — Chargée d'entretenir avec les communes de France les relations amicales préliminaires de la fédération, elle devait contribuer par sa propagande à l'affranchissement du pays, et aussi, dès que l'occasion s'en présenterait, accréditer des représentants auprès des divers États de l'Europe, surtout auprès de la Prusse, dès qu'on connaîtrait l'attitude de cette puissance vis-à-vis de la Commune.

10° *La Commission de l'enseignement*. — Cette Commission devait s'occuper de réformer l'instruction et préparer un projet de décret la rendant gratuite, obligatoire et exclusivement laïque.

Après cette répartition du travail entre six Commissions qui correspondaient à peu près aux anciens départements ministériels, on procéda au choix des membres de chacune de ces Commissions, suivant les aptitudes individuelles[1].

Puis, sur la proposition des citoyens Assi et Varlin, fut voté d'urgence le célèbre décret sur les loyers, aux termes duquel remise générale était faite aux locataires, des termes d'octobre 1870, janvier et avril 1871. Toutes les sommes payées par les locataires pendant les neuf mois seraient imputables sur les termes futurs, et tous les baux seraient résiliables par les locataires, pendant une durée de six mois, à partir de la promulgation du décret; sur la proposition du citoyen Billioray, on ajouta même à ces dispositions un article par lequel il était également fait remise des sommes dues pour les locations en garni.

Ce décret si radical devait naturellement faire beaucoup d'amis à la Commune. C'était, du moins, le but qu'on se proposait, et il faut dire qu'il fut atteint. Une autre mesure, non moins absolue, fut également prise sur la proposition de la Commission militaire et de celle des finances. La conscription fut abolie et la garde nationale déclarée seule force armée régulière. Enfin la Commune décréta que, comme elle était le seul pouvoir léga-

---

[1] Voir le n° 4 des Notes et Pièces justificatives.

lement constitué, seraient révoqués et considérés comme coupables les fonctionnaires qui reconnaîtraient l'autorité inconstitutionnelle de Versailles.

A défaut d'autres mérites, ces mesures avaient du moins celui d'être nettes et claires. La Commune, ôtant son masque, indiquait ainsi ses véritables tendances à se considérer comme gouvernement, et non plus seulement comme conseil municipal. Les nombreuses démissions qui firent presque immédiatement un vide important dans son sein semblèrent indiquer qu'un certain nombre de ses membres n'acceptaient pas dans cette ampleur le rôle qu'on les avait appelés à jouer. Indépendamment de M. de Bouteiller et du docteur Marmottan, qui dès la première séance, avaient renoncé à leur mandat, douze membres de la Commune se démirent presque immédiatement de leurs fonctions. Ce furent les citoyens Desmarest, Ferry, Nast, Chéron, Tirard, Albert Leroy, Charles Beslay, le docteur Robinet, Méline et A. Adam.

Par contre, les citoyens Ch. Delescluze et Cournet avaient écrit à M. Grévy, président de l'Assemblée nationale, dont ils étaient membres, pour lui faire savoir qu'ils optaient pour le nouveau mandat qui leur était confié, et qu'ils entendaient rester uniquement membres de la Commune de Paris.

Dans tous les cas, et quoi qu'il pût advenir ultérieurement de l'Assemblée siégeant à l'Hôtel de Ville, le Comité central, toujours prévoyant, avait fait en sorte de ne point se dissoudre. En dépit des gens qui s'étonnaient et murmuraient de ce qu'après avoir remis ses pouvoirs à la Commune, il ne s'était pas retiré, le Comité, ne se contentant pas des félicitations qu'il avait reçues, restait constitué et comme en permanence : c'était sur lui que comptaient les impatients et les exaltés pour imprimer à la Commune le mouvement et l'action qui lui feraient peut-être défaut. C'est lui qui devait former l'armée destinée à marcher sur Versailles, si l'Assemblée de Versailles ne ratifiait pas la Commune. Marcher sur Versailles, c'était en effet le rêve insensé que caressaient la plupart des meneurs, et, de fait, le Comité central, paraissant obéir à leur impulsion, prenait des dispositions militaires qui pouvaient donner beaucoup à réfléchir : il organisait vingt-cinq bataillons de marche, et à côté de ces bataillons de marche il formait vingt batteries d'artillerie et quinze batteries de mitrailleuses.

En outre, il avait remis en état et réarmé les

forts d'Issy et de Vanves, restés, ainsi que ceux de Montrouge et de Bicêtre et d'Ivry, au pouvoir des fédérés. De plus, il avait fait exécuter des travaux de défense du côté de Neuilly, que couvraient des barricades.

Ne pouvait-on inférer de tous ces préparatifs qu'il se préparait à engager la lutte armée?

CHAPITRE VIII

La lutte s'engagea promptement, en effet. Le 2 avril, cinq bataillons de gardes nationaux fédérés avaient été envoyés dans la nuit pour opérer une reconnaissance du côté de Courbevoie, et s'étaient avancés jusqu'au rond-point où, sur l'ordre de leurs chefs, ils stationnaient depuis quelques heures, lorsque soudain, à neuf heures et demie du matin environ, se présenta un corps assez nombreux de l'armée de Versailles, composé d'infanterie de ligne, d'un bataillon de marins venus du Mont-Valérien, et d'un escadron de chasseurs à cheval. La surprise fut grande. Le docteur Pasquier, chirurgien en chef de la gendarmerie, un homme excellent et fort aimé du soldat, qui accompagnait à cheval les troupes de Versailles, s'avança en parlementaire jusqu'aux avant-postes des fédérés. Mal lui en prit : il fut accueilli par des coups de fusil et tomba mortellement frappé.

Alors le combat s'engagea avec acharnement, avec fureur. Une fusillade nourrie éclata sur toute la ligne. Les Versaillais firent venir du canon et ouvrirent un feu très-violent d'artillerie. Le Mont-Valérien fit entendre sa grosse voix. Les fédérés, qui avaient avec eux quatre pièces de 4 et une mitrailleuse, essayèrent de s'en servir; mais, après quelques coups, la mitrailleuse éclata et le désordre se mit dans leurs rangs. Ce désordre devint bientôt une véritable déroute; les gardes nationaux s'enfuirent dans toutes les directions. Poursuivis par les troupes, qui firent beaucoup de prisonniers, ils se dirigèrent en partie sur Paris; mais beaucoup d'entre eux vinrent chercher un refuge derrière une barricade construite pour défendre le pont de Neuilly, et où le feu du Mont-Valérien les atteignait encore. « Nous sommes trahis! disaient les fuyards, en rentrant dans Paris à pied ou en omnibus, pas de chefs, pas de cartouches! »

De nouveaux bataillons, partant de l'Hôtel de Ville, furent immédiatement dirigés sur Neuilly ou prirent position en avant de l'arc de triomphe de l'Étoile. Six pièces de 7 les accompagnaient. La Commune, effarée, lança une proclamation à grand effet dans laquelle elle annonçait en grosses lettres que « les conspirateurs royalistes » avaient attaqué (ce qui n'était pas vrai), et que, ne pouvant plus compter sur l'armée française, ils avaient attaqué avec les zouaves de Charette, les chouans de Cathelineau et les gendarmes de la police impériale (ce qui était plus faux encore)[1].

Dans la soirée, on afficha, pour rassurer les esprits, que tout allait bien, et que « Bergeret *lui-même* était à Neuilly, » phrase bouffonne dont le public parisien s'est amusé longtemps, et qui jeta un peu de gaieté sur ces tristes jours. Ce Bergeret était en effet un nouveau *général* de la Commune, laquelle usa beaucoup de généraux, comme l'on sait, et qui, du reste, venait déjà de faire arrêter du Bisson et Lullier, appartenant à l'élément militaire, ainsi que le citoyen Assi, appartenant à l'élément civil ; cette dernière arrestation avait même intrigué singulièrement le public.

Un conseil de guerre fut tenu par les chefs fédérés à la suite de cette grave échauffourée. Il y

---

[1] Voir le n° 5 des Notes et Pièces justificatives.

fut décidé que, sans plus attendre, l'attaque décisive sur Versailles serait exécutée le lendemain, au point du jour. Le plan pouvait se résumer de la sorte : attaque de front par Clamart, mouvement tournant par le Bas-Meudon et diversion sur le Mont-Valérien. L'armée des fédérés devait être divisée en trois corps. L'un, commandé par le général Eudes, opérerait par la route de Clamart, en s'appuyant sur le fort de Vanves. Un second, sous les ordres du général Duval, s'avancerait par le Bas-Meudon, Chaville et Viroflay, sous la protection du fort d'Issy et de la redoute des Moulineaux. Le troisième, conduit par le général Bergeret, entreprendrait sur la route de Rueil une importante démonstration.

Ce plan, on le voit, ne manquait pas d'audace ; mais son moindre défaut était de ne tenir, pour ainsi dire, aucun compte de la forteresse du Mont-Valérien, dont la situation formidable aurait pu cependant être prise en grande considération par les généraux de la Commune.

Les ordres une fois transmis pour son exécution, on vit de tous les points de Paris les bataillons de gardes nationaux se diriger, en quelque sorte fiévreusement, vers les divers points qui leur avaient été assignés, les uns du côté des portes du sud, les autres sur le Champ de Mars, où 30,000 hommes se groupèrent.

Toutes ces troupes étaient accompagnées d'une artillerie assez nombreuse, présentant des pièces de tous les calibres et de toutes les provenances. Ces pièces étaient traînées par des chevaux d'omnibus et conduites par de très-jeunes gens, presque des enfants, souvent en blouse et en sabots. Quelques artilleurs suivaient, mais étaient en petit nombre. Rien de plus étrange d'ailleurs que l'aspect de ces bataillons, où l'adolescent coudoyait le vieillard, tous dans des costumes et avec des armes d'une pittoresque variété. Le crayon de Callot, bien mieux que celui de Charlet, eût pu convenablement reproduire l'aspect de ces cohortes de la Commune, que suivaient de nombreuses tapissières et voitures de déménagement remplies de munitions et de vivres.

A minuit, la concentration du corps de Bergeret était terminée dans l'avenue de Neuilly et les rues adjacentes. Trompés, comme ils l'ont toujours été d'ailleurs, les gardes nationaux, persuadés qu'ils allaient marcher sur Versailles sans rencontrer de sérieux obstacles, montraient autant d'insouciance que de gaieté. Ils allumèrent des feux et bivouaquèrent en attendant les ordres qu'ils devaient recevoir. Vers une heure du matin, un détachement, envoyé en éclaireurs, vint donner la nouvelle que les troupes de Versailles avaient évacué la veille le rond-point de Courbevoie, et que cette position pouvait par conséquent être occupée de suite. Sept ou huit bataillons, présentant un effectif d'environ 4,000 hommes, franchirent alors la Seine et s'avancèrent jusqu'au rond-point, où ils s'installèrent à l'endroit même où, la veille, avaient été amenés par l'armée régulière les canons qui les avaient tant maltraités. Là, ils attendirent de nouveau le général Bergeret, qui ne devait pas tarder à arriver, et dont le reste des troupes s'était massé de l'autre côté de la Seine.

A quatre heures du matin, Bergeret parut en effet, monté, comme la veille, lorsqu'il s'était porté *lui-même* à Neuilly, dans une voiture découverte, l'usage du cheval lui étant formellement interdit. Il avait traversé les Champs-Élysées entouré de son état-major, et fut acclamé par les fédérés, qui criaient en même temps : « A Versailles! à Versailles! » L'ordre de marche fut aussitôt donné à la colonne, qui comprenait un corps commandé par Gustave Flourens, lequel avait le grade de colonel. Bergeret fit placer sa voiture au centre de son armée, absolument comme le maréchal de Saxe à la bataille de Fontenoy. Elle était entourée de douze pièces de canon qui accompagnaient la colonne.

On partit, victorieusement plutôt que prudemment, au son du tambour et du clairon, et on s'engagea sur la route de Rueil. Le Mont-Valérien se dressait morne et sombre en face du corps d'armée de Bergeret, lequel pouvait lui jeter des regards défiants. Mais, soit calcul, soit conviction, Bergeret tenait à ses soldats des propos rassurants tendant à leur faire croire que les fédérés avaient des intelligences dans le fort, occupé par les marins qui, disait-il, ne voulaient pas tirer sur leurs frères. Dans tous les cas, le commandant du Mont-Valérien avait été changé la veille, ce que Bergeret ne savait pas.

On arriva ainsi à 800 mètres du fort qu'il s'agissait de tourner, et on avait échangé déjà quelques coups de feu avec les tirailleurs de l'armée régulière, lorsque tout à coup une volée d'obus tomba sur les fédérés, ou passa en sifflant au-dessus de leurs têtes, car on avait encore voulu les ménager. C'étaient les batteries supérieures du fort et la redoute dite des Gibets qui donnaient un premier avertissement aux outrecuidants soldats de la Commune, et les prévenaient qu'ils devaient désormais prendre le Mont-Valérien au sérieux.

On eût pu, dans le premier moment, croire que la décharge essuyée par les fédérés avait été extrêmement meurtrière ; car, indépendamment d'un certain nombre d'hommes qui étaient tombés frappés par les éclats d'obus, un nombre bien plus considérable encore de gardes nationaux s'étaient jetés à terre pour éviter l'effet des projectiles. La terreur, une terreur inconsciente, irrésistible, s'était emparée d'eux. Dans le désordre le plus complet, officiers et soldats fuyaient pêle-mêle, les premiers criant machinalement : « A l'assaut ! » les autres répondant, comme toujours : « Nous sommes trahis ! » Au milieu de ces fuyards, les chevaux d'omnibus qui traînaient les pièces galopaient dans toutes les directions, emportant avec eux les canons, et ajoutant encore à la panique. Ceux qui étaient attelés à la voiture de Bergeret étaient tombés atteints par les obus, ce qu'on ne manqua pas d'annoncer en ces termes dans une proclamation, mensongère d'ailleurs : « Le général Bergeret, en tête de ses troupes, les a entraînées au cri de : Vive la République ! et a eu deux chevaux tués. » Le bruit de la canonnade et la vue des fuyards, dont beaucoup avaient jeté leurs armes, firent se replier immédiatement sur les fortifications les 20,000 fédérés massés dans Neuilly.

Disons, pour donner de suite l'ensemble du récit de l'engagement de ce côté de Paris, qu'en dépit du désordre, et en profitant peut-être, Gustave Flourens avait, à la faveur de quelques mouvements de terrain, pu tourner la position et s'avancer du côté de la Seine. Il était à la tête d'une petite troupe assez énergique, et que son énergie personnelle animait encore. Il gagna Chatou, mais y fut bientôt surpris par un détachement de gardes républicains, anciens gendarmes de la garde. Ayant tiré sur un de ces soldats, le capitaine Desmarets, qui les commandait, lui donna un coup de sabre qui lui fendit la tête.

C'était incontestablement une perte pour la Commune. Gustave Flourens était un des membres les plus intelligents du parti à nuances diverses qu'elle avait la prétention de représenter. Né à Paris en 1838, il avait, après des études faites au lycée Louis-le-Grand, été reçu en même temps licencié ès lettres et ès sciences. Il suppléa pendant un an son honorable père dans la chaire d'histoire naturelle des corps organisés au Collège de France; mais là, il émit des doctrines si hardies, et affirma si nettement le polygénisme, avec toutes ses conséquences, que le ministre Duruy en fut ému et révoqua l'imprudent. A dater de cette époque, Gustave Flourens se jeta dans l'opposition la plus ardente. Il passa en Angleterre et en Belgique, où il fit des conférences, puis à Constantinople et à Athènes, d'où, en 1866, il se rendit en Crète avec les premiers volontaires grecs et garibaldiens. Après une campagne d'un an qu'il avait faite dans les rangs des insurgés, il revint à Paris pour y fermer les yeux de son père, auquel les exaltations politiques de son fils avaient causé d'amers chagrins, puis il retourna en Crète, et fut envoyé comme député au parlement hellénique par l'assemblée nationale crétoise. On sait comment le ministre Bulgaris le fit arrêter et conduire à Marseille. On connaît ses longs démêlés avec le gouvernement grec, son emprisonnement à Naples par le gouvernement italien; enfin comment, de retour à Paris, et prenant une part trop violente au mouvement électoral de 1869, il fut condamné à quatre mois de prison, pour insultes envers Napoléon III. Vie errante, romanesque, follement périlleuse, incidentée d'un duel avec M. Paul de Cassagnac, telle enfin que l'on pouvait l'attendre de l'exaltation naturelle de Flourens.

Mais, nous le répétons, cet exalté était un des plus capables, des plus intelligents, parmi les hommes compromis dans la formidable insurrection du 18 mars.

Revenons aux événements militaires de cette journée, qui fut véritablement décisive, quoique la seconde de la lutte, parce qu'elle fixa irrévocablement la situation des combattants et qu'elle détermina d'une invariable façon l'offensive et la défensive.

A quatre heures et demie du matin, les deux colonnes fédérées qui devaient agir sur Clamart et le Bas-Meudon commencèrent à s'y masser en dehors de l'enceinte. Elles entamèrent l'exécution de ce double mouvement à six heures du matin. Un coup de canon parti du fort d'Issy avait donné le signal du départ et été accueilli par des cris de « A Versailles! Vive la Commune! » L'enthousiasme, on le voit, était aussi irréfléchi de ce côté-là que de l'autre. Le général Duval, ayant pour aide de camp le chef de bataillon Razoua, commandait la colonne qui allait marcher sur Clamart; le général Eudes dirigeait celle qui était chargée de tourner Meudon.

Bientôt l'affaire s'engagea sur toute la ligne. Les fédérés se heurtèrent, d'un côté, à la brigade

Deroja, de la division Faron, et aux marins de l'amiral Bruat, de l'autre à la brigade la Mariouse et à l'infanterie de la garde républicaine. Trois fois ils s'élancèrent sous le feu de l'armée régulière, et trois fois ils furent repoussés avec pertes. Un instant ils s'avancèrent en tournant le viaduc du Val-Fleury, mais là, ils furent reçus par un tel feu de mousqueterie qu'ils durent sur-le-champ se replier. De leur côté, les troupes régulières obtenaient des avantages. Les marins, joints à la brigade Deroja, avaient enlevé le Petit-Bicêtre sous les yeux de l'amiral Pothuau, qui s'était porté sur ce point, et les gendarmes à pied avaient pénétré dans Meudon, malgré une fusillade intense dirigée sur eux des maisons, d'où ils délogèrent les gardes nationaux. Ces derniers, quoique ayant montré une certaine solidité et beaucoup d'entrain, n'avaient pas été plus heureux du côté de Châtillon, où les troupes régulières remportèrent aussi l'avantage. Le lendemain, elles devaient même occuper complétement ces hauteurs, où se trouvaient encore les ouvrages construits par les Prussiens pendant le siége de Paris.

Vers quatre heures du soir, voyant tous leurs efforts impuissants, les fédérés battirent en retraite, et les chefs eurent bien de la peine à empêcher que cette retraite ne devînt une déroute. Elle fut puissamment protégée cependant par le feu du fort d'Issy, qui avait été armé la veille de grosses pièces de siége, et dont le commandant n'était autre que le général Cluseret, tout récemment arrivé à Paris.

Cette journée fut donc entièrement désastreuse pour la Commune. Elle eut, comme nous le disions, pour résultat extrêmement important, de fixer définitivement la situation réciproque des belligérants. Désormais obligés de se tenir sur la défensive, les fédérés devaient renoncer à cette illusion, qui leur avait été si chère, de marcher sur Versailles et de disperser par la force l'Assemblée nationale.

Lors de l'enlèvement de la redoute de Châtillon par les troupes régulières, le général Duval fut pris et fusillé. C'était aussi une perte réelle pour la Commune. Duval était un jeune homme très-énergique, affilié à l'Internationale. Nous avons vu qu'il avait occupé un instant les fonctions de délégué à la sûreté générale, poste où il avait été remplacé par Raoul Rigault.

Une dépêche secrète adressée à Londres, et signée : Pothier, Johannard, Rochat et Longuet, disait : « Tout va mal : Flourens est mort, Duval est tué. » Et le citoyen Dagbert, un membre influent dans l'Internationale, a écrit depuis : « On savait désormais ici à quoi s'en tenir. Duval mort, nous n'avions personne sur qui compter. »

CHAPITRE IX

En apprenant ces désastres, le premier mouvement de la Commune fut le découragement, mais le second fut la fureur.

A partir de ce moment, les mesures les plus rigoureuses et les plus tyranniques furent adoptées par elle. Elle chercha à masquer sa faiblesse en se faisant craindre. Mais d'abord elle voulut dissimuler la vérité en publiant des dépêches du genre de celle-ci : « Bergeret et Flourens ont fait leur jonction ; ils marchent sur Versailles. Succès certain. » Et d'autres qui accusaient l'armée régulière d'atrocités inventées à plaisir. Elle éprouvait aussi le besoin de changer de généraux, et, n'ayant pu obtenir le concours de Garibaldi, qui avait répondu par le refus le plus adroit aux instances qui lui étaient faites[1], elle fut trop heureuse de se jeter entre les bras de Cluseret, auquel elle confia le ministère de la guerre. Une lettre signée de deux membres de la commission exécutive, Delescluze et Félix Pyat, annonçait cette décision aux généraux Bergeret, Eudes et Duval[2].

Une proclamation au peuple de Paris, dans laquelle on lui déclarait qu'on ne doutait pas de la victoire[3], parut également à la Commune être dans les besoins de la situation. Elle allait être promptement suivie d'une autre proclamation adressée aux départements. La province avait, en effet, besoin des encouragements les plus vifs, car la Commune y reperdait chaque jour un peu du terrain qu'elle y avait conquis d'abord. Ainsi, à Lyon et à Marseille, grâce à la fermeté des généraux et à la fidélité des troupes, l'ordre avait été rétabli après des luttes relativement peu importantes. A Saint-Étienne, au Creuzot, le calme était revenu sans collision. A Toulouse, la soumission avait été instantanée depuis que le préfet, M. de Kératry, y était rentré. A Narbonne, à Per-

---

[1] Voir le n° 6 des Notes et Pièces justificatives.
[2] Voir le n° 7 des Notes et Pièces justificatives.
[3] Voir le n° 8 des Notes et Pièces justificatives.

pignan, l'autorité était également restée maîtresse du terrain et de la situation.

Vinrent les mesures d'intimidation et de colère. On décréta que MM. Thiers, Favre, Picard, Dufaure, Simon et Pothuau étaient mis en accusation, et que leurs biens seraient placés sous le séquestre jusqu'à ce qu'ils eussent comparu « devant la justice du peuple[1]. »

Puis paraissait au *Journal officiel* un décret qui a dû faire tressaillir d'aise les mânes de Robespierre et de Saint-Just, et aux termes duquel toute personne prévenue de complicité avec le gouvernement de Versailles serait immédiatement mise en accusation et incarcérée. Un jury d'accusation était institué dans les vingt-quatre heures, pour connaître des crimes qui lui seraient déférés, et tous les accusés retenus par son verdict deviendraient les otages du peuple de Paris. En outre, toute exécution d'un prisonnier de guerre ou d'un prisonnier de la Commune entraînerait sur-le-champ l'exécution d'un nombre triple des otages ainsi retenus, et qui seraient désignés par le sort. Les considérants de ce décret étaient dignes de sa teneur[2].

[1] Voir le n° 9 des Notes et Pièces justificatives.
[2] Voir le n° 10 des Notes et Pièces justificatives.

Il fallait donc des otages; Raoul Rigault se chargea d'en trouver. Mgr Darboy, archevêque de Paris, fut arrêté sous l'inculpation de complot contre la sûreté de l'État, avec l'abbé Lagarde, son vicaire général. Il en fut de même pour l'abbé Croze, le vénérable aumônier des prisons, ainsi que pour le P. Olivain, supérieur, l'économe, tous les professeurs, employés et domestiques du collége des jésuites. En même temps on se présentait, à deux heures du matin, au presbytère du curé de la Madeleine, maison attenant à l'église de l'Assomption. Les gardes nationaux, sur le point d'enfoncer la porte à coups de fusil, se la virent ouvrir. Ils s'emparèrent de M. Deguerry, l'excellent curé de la Madeleine, que l'on fit monter dans une voiture au milieu des cris et des malédictions d'une foule de pauvres femmes attirées par le bruit malgré l'heure matinale, et qui vivaient de la charité du pasteur. Elles ne devaient plus le revoir, hélas! Les gardes nationaux n'avaient pas manqué, comme à l'archevêché, de procéder à l'enlèvement des ornements du culte, de l'argenterie et du linge.

Ce n'étaient pas, tant s'en faut, les dernières victimes prises au sein du clergé, contre lequel commençait une véritable persécution. Bien différents en cela des hommes de 1848, qui avaient vécu avec le clergé en bonne intelligence, les membres de la Commune ont renouvelé contre les prêtres les atrocités de 1793. La chose était toute simple : l'Internationale n'admet pas de cultes par la raison qu'elle n'admet pas de Dieu.

Aussi parut un décret par lequel, considérant que le premier des principes de la République était la liberté, que la liberté de conscience était la première des libertés, et qu'en fait « le clergé avait été le complice des crimes de la monarchie, » l'Église était désormais séparée de l'État ; le budget des cultes demeurait supprimé, et les biens appartenant aux congrégations religieuses, meubles et immeubles, étaient déclarés propriétés nationales.

Les arrestations civiles avaient été plus nombreuses encore que celles faites dans le clergé, mais elles portaient sur des personnalités plus obscures. Ainsi, en dehors de M. le président Bonjean, ancien sénateur, de M. Gustave Chaudey, journaliste connu, du banquier Jecker et de quelques fonctionnaires élevés de l'ancienne police, les gens emprisonnés par la Commune et retenus comme otages, quand ils n'étaient pas immédiatement fusillés, c'étaient d'anciens sergents de ville, ou des gendarmes accusés du crime irrémissible d'avoir défendu l'ordre et les lois.

Les persécutions commencèrent aussi contre les journaux qui ne défendaient pas les principes de la Commune. Les gens de l'Hôtel de Ville n'aimaient pas à entendre la vérité. Trois des principaux journaux de Paris furent supprimés ; tous les autres devaient ultérieurement subir le même sort.

Les élections nécessitées par les démissions de seize membres de la Commune et les options exercées par les citoyens A. Arnoult, Varlin, Delescluze, Theisz et Blanqui, élus dans plusieurs arrondissements, avaient d'abord été fixées au 5 avril ; mais, en considération des difficultés nombreuses de la situation, elles furent indéfiniment ajournées — mesure indiquée par la prudence.

En attendant, la Commune légiférait : elle décrétait que le maximum de traitement des employés aux divers services communaux était fixé à 6,000 francs par an. Elle supprimait le titre et les fonctions de général en chef. Elle instituait une Commission *d'initiative* pour tout ce qui avait rapport au travail et à l'échange. Elle interdisait la vente des tabacs sur la voie publique. Elle décidait que, de dix-sept à quarante ans, le service dans les compagnies de guerre serait obligatoire pour les gardes nationaux, mariés ou non ; puis, sur de nombreuses réclamations, elle renonçait au chiffre de dix-sept ans pour adopter celui de dix-neuf.

Enfin, par l'organe du citoyen Paschal Grousset, délégué aux relations extérieures, elle faisait connaître en ces termes son existence aux puissances étrangères : « Le soussigné, membre de la Commune de Paris, délégué aux relations extérieures, a l'honneur de vous notifier officiellement la constitution du gouvernement communal de Paris. Il vous prie d'en porter la connaissance à votre gouvernement et saisit cette occasion de vous exprimer le désir de la Commune de resserrer les liens fraternels qui unissent le peuple de Paris au peuple que vous représentez. »

En outre, le citoyen Paschal Grousset avait expédié au commandant en chef du 3ᵉ corps d'armée prussien la très-curieuse dépêche suivante, que l'on n'a connue que parce que le général de Fabrice la fit parvenir au gouvernement de Versailles : « Général, le délégué de la Commune aux relations extérieures a l'honneur de vous adresser les observations suivantes : la ville de Paris est intéressée, au même titre que le reste de la France, à l'observation des conventions de paix conclues avec la Prusse ; elle a donc le devoir de connaître comment le traité s'exécute. Je vous prierai, en conséquence, de vouloir bien me faire savoir notamment si le gouvernement de Versailles a fait un premier versement de cinq cents millions et si, par suite de ce versement, les chefs de l'armée allemande ont arrêté la date de l'évacuation de la partie du territoire du département de la Seine et aussi des forts qui font partie intégrante du territoire de la commune de Paris. Je vous serai obligé, général, de vouloir bien me renseigner à cet égard. » Le général prussien ne fit aucune réponse à cette fallacieuse communication qui, dans un autre ordre d'idées, pouvait aller de pair avec l'envoi à la Monnaie de toute l'argenterie trouvée au ministère des affaires étrangères [1].

Cluseret, l'ancien officier français devenu général américain et ambitieux cosmopolite, cachant ses vues sous une apparente simplicité, devait tout d'abord plaire aux hommes de la Commune. Il débuta par leur adresser un rapport assez détaillé sur la situation militaire [2], qu'il résumait ainsi : « En somme, notre position est celle de gens qui, forts de leurs droits, attendent patiemment qu'on

[1] Voir le n° 11 des Notes et Pièces justificatives.
[2] Voir le n° 12 des Notes et Pièces justificatives.

vienne les attaquer, se contentant de se défendre...
L'ennemi se fatiguera avant nous; il ne restera alors de sa folle et criminelle tentative que les veuves et les orphelins, le souvenir et le mépris pour une action atroce. »

La Commune de Paris s'empressa d'adopter les veuves et les enfants de tous les citoyens « morts pour la défense des droits du peuple; » elle décréta, en outre, qu'une pension de 600 francs serait accordée à la femme, mariée ou non, du garde national tué en combattant, après enquête qui établirait ses droits et ses besoins. Chacun des enfants, reconnus ou non, recevrait jusqu'à l'âge de dix-huit ans une pension annuelle de 365 francs payable par douzièmes. Les ascendants, père, mère, frères et sœurs de tout citoyen mort pour les droits de Paris, et qui prouveraient que le défunt était pour eux un soutien nécessaire, pouvaient être admis à recevoir une pension proportionnelle à leurs besoins, dans les limites de cent à huit cents francs.

Ce décret avait pour but de créer des soldats dévoués à la Commune, et ce but fut à peu près atteint.

Mais Cluseret voulait, dans ses bataillons, introduire tout à la fois la simplicité et la discipline. Il adressa donc à la garde nationale une proclamation[1] par laquelle il se plaignait de ce que la manie ridicule du galon, des broderies et des aiguillettes commençait à se faire jour dans les rangs de la milice des travailleurs. Il allait bientôt obtenir de la Commune un décret très-sévère[2] instituant un conseil de guerre dans chaque légion et un conseil disciplinaire par bataillon, par la raison qu'il ne pouvait y avoir de force militaire sans ordre, et qu'il était urgent, en face de la gravité des circonstances, en présence des tentatives sourdes des ennemis de la République, d'établir une discipline rigoureuse, capable de donner à la garde nationale une cohésion qui la rendrait invincible.

Cluseret avait accepté le concours du Polonais Dombrowski, d'abord chef de la 12ᵉ légion, puis nommé commandant de la place de Paris en remplacement du citoyen Bergeret, appelé à d'autres fonctions. Ce Jaroslaw (et non Ladislas) Dombrowski, dont la nomination avait jeté une certaine inquiétude dans la garde nationale, de laquelle il était complétement inconnu, était né à Cracovie, avait d'abord servi dans l'armée russe et

---

[1] Voir le n° 13 des Notes et Pièces justificatives.
[2] Voir le n° 14 des Notes et Pièces justificatives.

fait la guerre du Caucase; puis ayant pris part, en qualité de colonel, à l'insurrection polonaise de 1863, avait dû s'exiler de son pays. C'était un ami du socialiste russe Herzen. Impliqué deux fois dans des procès pour crime de fabrication de faux billets de banque russes, il avait été acquitté. Mais, s'il ne fabriquait pas de billets de banque, on n'en pouvait pas dire autant des faux passe-ports et des faux certificats dont il avait la lucrative spécialité et dans lesquels il attestait que certains de ses compatriotes, qu'il gratifiait de grades imaginaires, avaient pris une part active à l'insurrection, alors qu'ils y étaient demeurés absolument étrangers. Ces certificats avaient pour objet de faire obtenir des subsides aux pétitionnaires réfugiés. Dans la force de l'âge (il avait quarante-cinq ans), il était brave, mais sans scrupule, et pendant le siége de Paris, soupçonné d'entretenir des intelligences avec les Prussiens, il avait été arrêté plusieurs fois. Singulier choix fait par la Commune, mais dicté peut-être par la nécessité et dont, par le fait, elle n'eut pas à se repentir, quoique, en fin de compte, « le vieux Mac-Mahon » n'ait pas pu être vaincu par « le jeune Dombrowski. »

Cet aventurier, qui avait réuni auprès de lui plusieurs de ses compatriotes, devint bientôt général, avec plus de titres, d'ailleurs, que ceux qui l'entouraient. Disons, à ce propos, qu'il ne paraît pas que les deux décrets de la Commune supprimant, le premier le grade de général en chef, le second celui de simple général, aient jamais été pris au sérieux. Comme bien d'autres, ils restèrent lettre morte. Ajoutons qu'on peut déplorer qu'un grand nombre de ces décrets n'aient pas eu le même sort.

A la date du 12 avril, on lisait avec stupeur dans le *Journal officiel :* « La Commune de Paris, considérant que la colonne impériale de la place Vendôme est un monument de barbarie, un symbole de force brute et de fausse gloire, une affirmation du militarisme, une négation du droit international, une insulte permanente des vainqueurs aux vaincus, un attentat perpétuel à l'un des trois grands principes de la République française, la fraternité, décrète : — La colonne de la place Vendôme sera démolie. »

Et ce décret a été malheureusement exécuté ; il l'a été à la vue, pour ainsi dire, des Prussiens dont il ne pouvait que flatter les passions ; il l'a été après des retards qui ont pu faire espérer un instant que la Commune reculerait devant cette œuvre de destruction honteuse et stupide.

Mais Courbet était là, ce misérable peintre, soi-disant réaliste, dont le travail, grossièrement prétentieux, ne peut soutenir la comparaison avec les vieux et vrais réalistes flamands ou hollandais; réputation surfaite par une coterie et que ne comprendra pas, à coup sûr, la génération qui nous suit. Il était là, hâtant de ses vœux et de ses conseils insensés la chute du monument qui pouvait encore nous consoler des revers présents par le souvenir de nos gloires passées. Étrange attentat à l'honneur et à la dignité d'un grand peuple !

Courbet avait été nommé membre de la Commune lors des élections complémentaires faites le 16 avril, et, en même temps que lui, avaient été élus à une majorité dérisoire les citoyens Cluseret, Vésinier, Andrieu, Pothier, Serrailler, Durand, Johannard, Rogeard, Pillot, Sicard, Briosne, Philippe, Lonclas, Dupont, Longuet, Arnol, Menotti Garibaldi, Viard et Trinquet.

La Commune grandissait en nombre, mais non en talents. Aussi adroit que son père, Menotti Garibaldi déclina l'honneur qu'on lui faisait en cette circonstance et n'accepta pas le siége qu'on lui offrait à l'Hôtel de Ville.

La Commune décida encore que, comme il importait de connaître les actes de la dictature du

4 septembre et, en particulier, ceux qui avaient amené la capitulation de Paris, une commission d'enquête serait instituée pour rechercher et classer les papiers, dépêches et documents de toute nature tombés entre les mains du peuple à la suite de la révolution du 18 mars, dans le but de réunir tous les éléments nécessaires pour établir la part de responsabilité qui incombait à chacun de ceux qui avaient participé aux actes du gouvernement du 4 septembre.

Puis, chose plus grave, elle avait accordé aux instances de Raoul Rigault l'institution de la célèbre cour martiale[1], qui devait si bien servir ses haines et son tempérament sanguinaire. Les peines qui pouvaient être appliquées par la cour martiale étaient : la mort, les travaux forcés, la reclusion, la détention, la dégradation civique, la dégradation militaire, la destitution, l'emprisonnement et l'amende. Tout individu condamné à la peine de mort par la cour martiale était fusillé.

La fusillade semblait être, en effet, même à part les décisions de la cour martiale si redoutée, et avec raison, des gardes nationaux, l'instrument des modernes vengeances politiques. Le peuple,

---

[1] Voir le n° 15 des Notes et Pièces justficatives.

tout à fait en dehors de l'impulsion de la Commune, venait, dans un moment de puéril enthousiasme, de brûler sur le boulevard Voltaire, aux pieds de la statue du grand sceptique, ce qu'on nomme, en termes officiels, les *bois de justice*, c'est-à-dire la guillotine. Eh bien, on a pu dire que c'était un pas fait en arrière. La guillotine, la peine de mort étant donnée, valait certes mieux que le fusil au point de vue des souffrances de la victime !

En outre, et quoiqu'on ne dût guère en faire usage, le citoyen Eugène Protot, délégué à la justice, cherchait à reconstituer des tribunaux. On nommait des greffiers et des huissiers ; on nommait aussi des juges de paix et des notaires. On décrétait le jugement par les pairs, l'élection des magistrats ; on instituait un jury d'accusation. Les jurés en seraient pris parmi les délégués de la garde nationale, élus à la date de la promulgation du décret. Ce jury d'accusation devait se composer de quatre sections, comprenant chacune douze jurés, tirés au sort en séance publique de la Commune de Paris. Les fonctions d'accusateur public seraient remplies par un procureur de la Commune, assisté de quatre substituts nommés directement par la Commune. Le terrible Raoul Rigault, après avoir présidé la cour martiale, allait bientôt occuper les fonctions de procureur général.

En attendant, les arrestations se multipliaient. Des prêtres et des religieuses étaient incarcérés tous les jours. On spoliait les églises. On enlevait dans les maisons des frères de la Doctrine chrétienne, dans les couvents et jusque dans les établissements fondés par les petites sœurs des pauvres, toutes les sommes d'argent, même les plus minimes, que l'on pouvait y découvrir. Des taxes communales étaient établies sur les chemins de fer et l'on avait extorqué de nouveaux millions à la Banque de France.

En revanche, on affectait de s'occuper des intérêts moraux et physiques du peuple. On faisait de la fausse philanthropie en supprimant le travail de nuit dans les boulangeries, décret qui, par parenthèse, contribua beaucoup à indisposer la population contre la Commune. On supprimait le système des amendes dans les administrations publiques ou privées. On interdisait la prostitution, sans donner du travail aux malheureuses qui s'y livrent. On désorganisait le mont-de-piété, cette précieuse ressource du pauvre, sous prétexte que le prêt sur gage avec intérêt était immoral. Il est vrai que la Commune décrétait que les objets mobiliers, effets d'habillement, lingerie, instruments de travail, pourraient être de suite et gratuitement retirés jusqu'à concurrence de la somme de vingt francs; « et les anneaux de mariage ! » s'écriait sentimentalement le citoyen Arthur Arnould.

Aussi le langage des journaux qui n'étaient pas inféodés au gouvernement de l'Hôtel de Ville pouvait se résumer ainsi : La Commune a supprimé la plupart des feuilles qui lui étaient hostiles (elle finit par les supprimer toutes, ce qui simplifiait la question); elle a opéré des arrestations nombreuses, beaucoup réquisitionné, pris des otages, *visité* des hôtels de réactionnaires, livré des combats dans lesquels une foule de gens ont perdu la vie, si ce n'est par sa faute, au moins par sa volonté. Voilà jusqu'ici ce que la Commune a fait de plus clair. Mais l'on est bien forcé d'avouer que tout cela ne constitue pas, à proprement parler, un programme politique, et que les citoyens immolés sur l'autel de la patrie, par ordre de la Commune, sont en droit de se demander quelle est, au juste, la cause qu'ils défendent, et dans quel but ils se font tuer avec un entrain qui est presque de l'héroïsme.

La situation se trouvait parfaitement et très-nettement résumée ainsi. Telles étaient les réflexions qu'on échangeait dans tous les centres intelligents.

Ce qui n'empêchait pas des citoyennes, qui osaient apposer leur signature au bas des adresses laudatives qu'elles envoyaient à l'Hôtel de Ville, de prodiguer leurs ridicules encouragements aux hommes de la Commune, auxquels elles distribuaient des brevets de grandeur et d'immortalité; les membres bruyants et remuants de la Ligue de l'Union républicaine de multiplier, en vue d'une conciliation désormais impossible, leurs allées et venues de Paris à Versailles et de Versailles à Paris; les francs-maçons, enfin, déposant leur masque, de se jeter dans l'arène des partis et de s'y montrer à visage découvert.

Ils avaient commencé par lancer un manifeste adressé aux membres de la Commune comme au gouvernement de Versailles, manifeste dans lequel ils les adjuraient, au nom de l'humanité et de la fraternité, d'arrêter l'effusion du sang : « Nous ne venons pas vous dicter un programme, disaient-ils en terminant, nous nous en rapportons à votre sagesse; nous vous disons simplement : Arrêtez l'effusion de ce sang précieux qui coule des deux côtés et posez les bases d'une paix définitive qui soit l'aurore d'un avenir nouveau. Voilà ce que nous vous demandons énergiquement, et, si notre voix n'était pas entendue, nous disons ici que l'humanité et la patrie l'exigent et l'imposent. »

Ce manifeste n'ayant pas produit l'effet qu'ils en attendaient, les francs-maçons décidèrent, fort imprudemment et malencontreusement, à notre avis, qu'ils feraient une manifestation publique, sorte d'exhibition théâtrale sur le résultat de laquelle ils se croyaient en droit de beaucoup compter. En conséquence, toutes les loges des trois rites : le Grand-Orient, le rite Écossais et le Misraïm, se réunissaient dans la cour du Louvre et sur la place du Carrousel, pour, de là, se diriger sur l'Hôtel de Ville. Des gardes nationaux occupaient la rue de Rivoli et la place du Palais-Royal, contenant avec peine la curiosité de cette population parisienne pour qui tout est spectacle. A onze heures, étaient réunies les loges (bien loin d'être au complet, d'ailleurs), entourant leurs bannières et précédées de quelques-uns de leurs dignitaires, ornés de ce qu'on appelle les insignes de la franc-maçonnerie, oripeaux bons pour le huis-clos, mais qui n'auraient jamais dû, à cause du ridicule et des remarques populaires, être ainsi exposés au grand jour.

Six membres de la Commune, également parés de leurs écharpes rouges à franges d'or, vinrent, précédant un bataillon de fédérés, chercher les francs-maçons pour les conduire à l'Hôtel de Ville. Le cortége se forma. Il pouvait y avoir environ huit mille maçons et soixante bannières, dont la première, tenue par un *artilleur* (singulière ironie du hasard), portait, écrits en lettres d'or, les mots : « Aimez-vous les uns les autres. » Une députation de toutes les loges pénétra dans la cour de l'Hôtel de Ville. Cette députation fut reçue par tous les membres de la Commune au son des clairons et des tambours. Il y eut échange de discours, comme cela se passe en pareil cas. Un membre de la Commune orna même une des bannières de son écharpe écarlate aux grands applaudissements des assistants.

La délégation franc-maçonnique sortit ensuite de l'Hôtel de Ville, et le cortége, reprenant sa marche, se dirigea vers la place de la Bastille, dont la colonne symbolique fut saluée par de nouveaux discours. Puis on descendit les boulevards pour se rendre à Neuilly. La manifestation, prévenue que de temps à autre des obus tombaient dans le quartier des Champs-Élysées, s'était divisée en plusieurs groupes dont chacun avait pris une des avenues qui aboutissent à l'arc de triomphe de l'Étoile. Heureusement, les vénérables de chaque loge avaient pris les devants et planté les bannières maçonniques sur toute la ligne des fortifications, entre la porte des Ternes et la porte Dauphine. On n'eut point d'accident à déplorer; les batteries des fédérés et celles de Versailles demeurèrent silencieuses. Une délégation des maçons se dirigea vers les avant-postes de l'armée régulière, et obtint d'envoyer à Versailles un certain nombre de ses membres, dans le but de faire auprès du gouvernement légal une nouvelle tentative de conciliation. Cette tentative, pas plus que les précédentes, ne pouvait aboutir, du reste, dans les circonstances données et dans les termes où on la posait.

Le lendemain, le canon retentissait de nouveau depuis le Point-du-Jour jusqu'à Clichy. Les bannières de la franc-maçonnerie étaient transpercées par les éclats d'obus. Les délégués qui, dans une réunion tenue avenue de Wagram, avaient déclaré que si les Versaillais ne respectaient pas ces emblèmes de paix et de conciliation, ils s'engageaient à prendre les armes pour défendre la cause des franchises communales, n'avaient plus qu'à adopter ce parti extrême. Ils avaient, en dépit des volontés des chefs suprêmes de leur ordre, compromis inutilement et pour longtemps cette institution surannée à laquelle on peut surtout adresser ce trop juste reproche qu'en plein dix-neuvième siècle, lorsqu'on veut faire le bien, lorsqu'on a des intentions loyales, il n'est pas besoin de se cacher.

CHAPITRE X

Nous allons esquisser à grands traits les événements militaires qui, se produisant parallèlement alors, n'allaient pas tarder à dominer les événements politiques.

Après les premières défaites qui avaient forcé les troupes de la Commune à se renfermer dans l'enceinte de Paris, au lieu de prendre l'offensive et de marcher sur Versailles, comme elles l'avaient cru et espéré d'abord, un temps d'arrêt s'était produit dans les attaques de l'armée de Versailles, et ce temps d'arrêt, la Commune en avait profité pour faire croire à ses succès et publier des bulletins de victoire, dont la population parisienne n'a point perdu le souvenir. Les choses étaient pourtant assez faciles à expliquer.

Le chef du pouvoir exécutif n'avait pas supposé d'abord qu'il eût affaire à un nombre d'insurgés aussi considérable qu'il l'était en réalité, grâce à la terreur que commençait à inspirer la Commune, et aussi à la présence d'un groupe d'étrangers plus important qu'on ne l'aurait supposé d'abord.

Le gouvernement de Versailles, désireux de ménager le plus possible le sang du soldat, et préférant ne frapper que des coups certains, avait dû, d'après les conseils des généraux, en venir à l'idée d'un investissement et d'un siége dans toutes les règles de l'art militaire. Un assaut, dans les conditions données, était impossible en effet, et, eût-il été possible, demandait un nombre de troupes beaucoup plus considérable que les quarante mille hommes dont on pouvait disposer alors. Il fallait reconstituer toute une armée, chefs et soldats, et, pour parvenir à ce but, il était malheureusement nécessaire de s'adresser aux Prussiens et de leur demander de revenir sur les stipulations acceptées, en autorisant la présence d'un corps plus considérable sur ce côté-ci de la Loire; déplorable mais inévitable démarche à laquelle il fallut bien se résoudre.

L'autorisation fut accordée par nos anciens adversaires, dont les intérêts matériels se trouvaient en jeu, d'ailleurs, et dont les intérêts politiques étaient identiques à ceux du gouvernement de Versailles.

C'était un grand point. Le retour des troupes prisonnières en Allemagne allait compléter, dans les conditions financières stipulées à l'avance, le résultat que M. Thiers, avec sa prévoyance éclairée, recherchait avec tant d'empressement et d'ardeur.

L'armée active de Versailles, placée sous le commandement en chef du maréchal de Mac-Mahon, duc de Magenta, ne fut, dans le principe, composée que de trois corps d'infanterie avec leurs annexes d'artillerie et de génie, et d'un quatrième corps composé de cavalerie. Plus tard et au retour des troupes prisonnières, elle fut portée à un effectif plus considérable, et ce fut avec ces forces nécessaires au succès qu'on put frapper ces derniers coups sous lesquels succomba la formidable insurrection parisienne.

Indépendamment de cette armée active, commandée par le maréchal de Mac-Mahon, une armée de réserve était spécialement chargée de garder le lieu où résiderait l'Assemblée nationale. Cette dernière, placée sous le commandement du général Vinoy, récemment nommé grand chancelier de la Légion d'honneur, devait être composée de trois divisions.

A la suite des premières journées de lutte que nous avons racontées, les dispositions respectives étaient celles-ci : les troupes régulières occupaient le plateau de Châtillon, la terrasse de Meudon, les redoutes de Breteuil et de Montretout, le Mont-Valérien, les hauteurs de Courbevoie, et tendaient, suivant le plan adopté, à gagner du terrain du côté d'Asnières, tandis qu'à l'extrémité opposée du demi-cercle dans les limites duquel elles manœuvraient, leur cavalerie tenait les plaines situées en face de l'Hay, Thiais et Chevilly, et finalement fut disposée sur trois lignes de profondeur : La première à Juvisy, à Longjumeau et à Palaiseau ; la seconde à Athis, Mons et Villeneuve Saint-Georges, de telle sorte que les communications avec la province fussent à la fois coupées de ce côté, comme elles l'étaient de l'autre, aux partisans de la Commune.

Les fédérés occupaient les forts d'Issy, de Vanves, de Montrouge, le plateau des Hautes-Bruyères, les forts de Bicêtre et d'Ivry. Leur ligne de combat se reliait par Vincennes à la zone neutralisée ou occupée par les Prussiens.

Possesseurs de l'enceinte continue, ils occupaient, de l'autre côté, en avant des fortifications, Neuilly, Levallois-Perret, et les berges de la Seine, jusqu'à la hauteur d'Asnières.

Pour l'armée régulière, l'intérêt était de se rapprocher peu à peu de l'enceinte, de s'emparer successivement des forts de Vanves, d'Issy et de Montrouge, des hauteurs de Courbevoie, des positions de Neuilly et d'Asnières, et enfin, après avoir rejeté les fédérés en dedans de l'enceinte fortifiée de Paris, d'en faire les approches suivant les règles de l'art, et de donner sur plusieurs points un assaut décisif que supporteraient difficilement les défenseurs fatigués de la Commune.

Toutefois, ce dernier plan, qui devait entraîner des lenteurs et exigeait un chiffre de troupes plus considérable que celui dont on pouvait disposer dans le principe, ne fut adopté que lorsqu'une première expérience eut prouvé que, grâce au nombre plus grand qu'on ne l'avait supposé des ennemis que l'on avait à combattre, un coup de main était absolument impossible.

On s'aperçut bientôt aussi à Versailles que les diversions intérieures de la garde nationale fidèle, mouvements que des officiers bien intentionnés de cette garde avaient fait espérer dans leurs correspondances, ne pourraient très-probablement pas se réaliser ou ne se produiraient que lorsque, les troupes ayant franchi l'enceinte, elles seraient, quoique précieuses encore, d'une utilité infiniment moins grande.

Une tentative sur les deux ponts de Neuilly et d'Asnières fut d'abord résolue et devait avoir pour objet de tâter les fédérés et de reconnaître jusqu'à quel point pouvait aller leur solidité. Ces deux ponts sont d'ailleurs les seules voies ouvertes sur Paris de ce côté, et il eût été fort utile d'y établir des places d'armes qui assurassent aux troupes la possession de cette entrée de la ville. Le régiment de gendarmerie à pied si bravement commandé par le colonel Gremelin reçut l'ordre de se porter sur la caserne de Courbevoie, et d'en déloger trois ou quatre cents fédérés qui y étaient installés. Le mouvement fut appuyé par de l'artillerie; les gendarmes s'emparèrent de la caserne et rejetèrent derrière la barricade élevée à la tête du pont les gardes nationaux qui alors ouvrirent un feu de mousqueterie très-violent. Ils furent appuyés par les canons qui armaient la seconde barricade et enfilaient la grande route de Courbevoie. Le Mont-Valérien s'en mêla. Après une rude canonnade, les gendarmes se lancèrent à l'assaut de la barricade, et les fédérés se replièrent derrière celle de la porte Maillot. Des renforts nombreux leur arrivaient. Ils conservèrent la position d'Asnières, rompirent le pont de bateaux qui y conduisait, et déployèrent des masses considérables entre Levallois et les berges de la Seine. Les brigades Besson et de Galiffet furent engagées dans cette journée. Le lendemain, la lutte recommença. Toute la nuit, des bataillons de garde nationale et des convois de munitions avaient été envoyés à la porte Maillot. On plaçait des pièces de 12 sur le rempart, mais le Mont-Valérien gênait beaucoup ce travail, et le colonel Locknès qui y commandait ne perdait pas une occasion d'inquiéter les fédérés. Il s'agissait pour les troupes de Versailles de s'emparer de la seconde barricade, celle de la rive droite, c'est-à-dire d'emporter la tête du pont sur Paris, et les premières maisons de Neuilly, à droite et à gauche de la route. Au point du jour, les éclaireurs fédérés vinrent signaler l'absence complète des troupes à la barricade et sur le pont. Un détachement de gardes nationaux sortit de l'enceinte pour réoccuper ces positions ; mais les troupes régulières étaient postées dans les maisons de Courbevoie. Elles en sortirent, et des mitrailleuses furent démasquées. Les fédérés se retirèrent en désordre ; toutefois des renforts nombreux leur arrivaient et douze pièces de canon tonnaient sur les remparts, tandis qu'une nombreuse artillerie leur répondait du côté des Versaillais. La mêlée fut vive aux alentours du pont ; un caisson y sauta ; le général Besson y fut tué, le général Pechot gravement blessé, ainsi que son aide de camp. Le général Montaudon, lui aussi légèrement atteint, avait divisé ses forces en deux colonnes, pour s'emparer des maisons d'angle, côté de Puteaux et côté de Courbevoie. Il y réussit et termina le combat fort tard, en occupant le pont de Neuilly, la barricade et une partie de l'avenue de Courbevoie : les pertes des deux côtés étaient assez sensibles.

A partir de ce moment, la lutte sur ce point se concentra longtemps et fut en quelque sorte stationnaire. Mais malgré les efforts des fédérés, les troupes régulières surent se maintenir, non sans difficulté, dans les maisons de Neuilly, où elles s'étaient logées. Elles avancèrent même peu à peu à travers tous les obstacles qu'on leur opposait. Dans tous les cas, l'essentiel était qu'elles conservassent ce point important qui forçait les fédérés à une surveillance incessante.

Mais, du côté d'Asnières, il fallait nécessairement gagner du terrain.

Il y avait entre Courbevoie et Asnières une assez vaste construction moderne, jadis appelée villa Orsini, du nom de son propriétaire, célèbre maintenant sous le nom de château de Bécon. M. Thiers devait la connaître d'autant mieux qu'en 1835 il l'avait habitée durant une saison, et s'y était retiré pour y travailler à son *Histoire du Consulat et de l'Empire*. Ce château de Bécon servait d'avant-poste et d'observatoire aux bataillons fédérés qui occupaient Asnières; ils en avaient crénelé les murs, et de plus ils avaient élevé une barricade sur la route, entre cette habitation et Courbevoie.

On voulait enlever cette position; on tenta une surprise de nuit, et la garnison de Courbevoie s'avança sur la route jusqu'à la barricade, suivie d'une compagnie du génie. Les fédérés étaient sur le qui-vive; ils donnèrent l'alarme; mais l'armée régulière persista dans son entreprise, et les soldats du génie eurent assez promptement écarté les obstacles. Malheureusement on ignorait à quel point les bâtiments du château et les murs du parc avaient été fortifiés; les gardes nationaux s'y retranchèrent et ouvrirent un feu très-violent et trèsmeurtrier, auquel il était impossible de répondre avec succès, car ils tiraient à couvert. Bientôt les troupes régulières qui perdaient du monde et avaient eu dès le début un chef de bataillon mis hors de combat, virent qu'une lutte plus longue était inutile et se retirèrent, sauf à prendre bientôt leur revanche.

La revanche fut prise, en effet : après avoir occupé Bois-Colombes, Colombes et Gennevilliers, on résolut, comme complément indispensable d'opération, d'attaquer de nouveau le château de Bécon et de l'enlever. Il fallait, du reste, que ce fût une attaque directe et de vive force, le peu d'espace compris entre l'habitation et la Seine empêchant de tourner la position. Ce fut au 36ᵉ régiment de ligne, commandé par le colonel Davout [1], duc d'Auerstaedt, que fut confié le soin de cette attaque. Le parc et le château furent enlevés de la façon la plus énergique et la plus brillante, fait d'armes qui fit un très-grand honneur au jeune colonel, neveu du célèbre maréchal Davout, prince d'Eckmuhl.

[1] Et non pas *Davoust* comme on l'écrit trop souvent. Le fils du prince d'Eckmuhl, duc d'Auerstaedt, étant mort, on a obtenu que ce second titre passât sur la tête du colonel Davout. Notre oncle, le comte de Beaumont, général de division sous le premier empire, avait épousé la sœur du maréchal.

La possession du château de Bécon assurait en quelque sorte la prise d'Asnières, et la prise d'Asnières elle-même était un fait capital dans l'ensemble des opérations contre Paris. La division Montaudon, désormais maîtresse de la route de Courbevoie, prit une vigoureuse initiative, et, se portant en avant, attaqua le village d'Asnières par le côté situé à gauche du chemin de fer venant de Paris. Les fédérés, habitués à la guerre des rues, s'y défendirent d'abord pied à pied, et de maison en maison. Cependant une portion d'entre eux, se souvenant que le pont était leur plus sûr moyen de retraite, et voyant qu'il était menacé, se précipitèrent vers la Seine, tandis que d'autres, plus hardis, espérant d'ailleurs qu'ils pourraient assez aisément se replier, quand ils le voudraient, par les îles situées en face de Saint-Ouen, se retranchèrent dans la partie droite d'Asnières, et prolongèrent bravement une lutte qui devait être et fut en effet très-meurtrière. La position, qu'ils cherchèrent plusieurs fois à reprendre, demeura toutefois entre les mains de l'armée régulière. Elle lui assurait de ce côté un avantage que ne purent jamais lui faire perdre les engagements presque quotidiens qui, durant un mois, se produisirent depuis Neuilly jusqu'à la gare d'Asnières.

Parlons maintenant des opérations militaires engagées au sud de Paris.

Mais d'abord, indiquons comment les forces destinées à la défense de la Commune avaient été réparties par le général Cluseret, lors de son arrivée au ministère de la guerre.

Il avait naturellement décidé que la défense extérieure serait confiée aux bataillons de guerre, tandis que le service intérieur serait fait par la garde nationale sédentaire.

Les forces chargées de la défense extérieure devaient être divisées en deux grands commandements :

Le premier, s'étendant de Saint-Ouen au Point-du-Jour, serait confié au général Dombrowski.

Le second, allant du Point-du-Jour à Bercy, serait attribué au général Wroblewski.

Chacun de ces commandements devait être subdivisé en trois.

La première subdivision du premier commandement comprendrait Saint-Ouen et Clichy jusqu'à la route d'Asnières.

La deuxième subdivision, Levallois-Perret et Neuilly, jusqu'à la porte Dauphine.

La troisième subdivision, comprendrait la Muette et s'étendrait jusqu'au Point-du-Jour.

Quant au deuxième commandement, sa première subdivision comprendrait les forts d'Issy et de Vanves.

La deuxième, les forts de Montrouge et de Bicêtre.

La troisième, le fort d'Ivry et l'espace compris entre Villejuif et la Seine.

Le quartier général du premier commandement serait placé au château de la Muette, et celui du second à Gentilly.

Toutes les communications relatives au service seraient adressées au délégué à la guerre, par l'entremise des généraux commandant en chef, les communications faites directement ne devant pas être prises en considération.

Enfin, les commandants en chef devaient établir immédiatement, à leurs quartiers généraux, un conseil de guerre en permanence et un service de prévôté.

On voit que toutes ces dispositions étaient sérieuses et présentaient un véritable caractère de prévoyance.

Les forts d'Issy, de Vanves et de Montrouge furent réparés et solidement armés, ainsi que les Hautes-Bruyères, où on entassa des munitions. Lors de la prise du plateau de Châtillon par les troupes régulières, on avait également trouvé des munitions en quantité considérable, destinées à servir onze pièces de canon et une mitrailleuse qui furent conduites à Versailles.

Les fédérés tentèrent d'abord de reprendre Châtillon : deux colonnes sorties d'Issy et de Vanves, se reliant à une troisième colonne passant entre les deux forts et se dirigeant sur Clamart, essayèrent vainement d'arriver jusque sur les hauteurs occupées par les Versaillais. Après avoir inutilement brûlé beaucoup de poudre, les gardes nationaux furent repoussés par le 74e de marche.

Les forts d'Issy et de Vanves se bornèrent alors pendant plusieurs jours à des canonnades furieuses contre Clamart et Châtillon, spectacle dont allaient jouir les Parisiens du haut du Trocadéro. Il y eut des jours où ces deux forts n'envoyèrent pas moins de six mille projectiles environ, durant l'espace de trois heures. C'était insensé.

Au Point-du-Jour, on avait également installé une batterie de grosses pièces de marine, et des canonnières prenaient position pour ouvrir le feu sur les points occupés par l'armée régulière.

Il va sans dire que, de leur côté, les troupes de Versailles ne demeuraient pas inactives, et que leurs redoutes de Meudon, de Breteuil, de Châtillon, contre-battaient avec ardeur, mais avec sagacité, les ouvrages de l'ennemi. Meudon était servi par l'armée de terre ; Breteuil, avec ses pièces de 30, par des canonniers marins. A Châtillon, les pièces étaient enterrées comme jadis celles des Prussiens, et les batteries de cette importante position se trouvaient absolument à l'abri des projectiles.

Les combats d'artillerie se succédèrent pendant vingt jours, logiques, raisonnables, et bien dirigés du côté de l'armée régulière ; violents, désordonnés de la part des fédérés. Le fort d'Issy était le principal objectif des troupes de Versailles. En multipliant leurs attaques, elles cherchèrent à éparpiller celles de l'ennemi. Celui-ci amenait quelquefois, par le chemin de fer de ceinture, des locomotives blindées qui incommodaient beaucoup la batterie de Breteuil. Il avait voulu armer les bastions de Vincennes ; mais un officier prussien, s'étant présenté à la porte de Charenton, avait rappelé qu'aux termes des préliminaires de paix, Vincennes devait demeurer désarmé, et la Commune s'était empressée d'obéir à cette injonction.

Elle avait voulu aussi établir au Trocadéro une batterie, destinée à envoyer des projectiles sur le Mont-Valérien. Cette batterie, ayant provoqué de violentes ripostes de la part de son formidable adversaire, avait vu très-promptement éteindre ses feux, mal dirigés d'ailleurs, et qui inquiétaient surtout Suresnes.

Tout se faisait, du côté de l'armée régulière, lentement, trop lentement même au gré de certaines impatiences, mais prudemment et sûrement.

Quelques officiers généraux avaient demandé que des colonnes d'assaut fussent lancées sur les forts déjà démantelés. Mais, à quoi aurait servi cette effusion de sang, puisqu'avec un peu de patience on pouvait atteindre le but en ménageant la vie du soldat?

Cependant le fort d'Issy était littéralement écrasé par les feux de Châtillon et de Meudon. Le Moulin-de-Pierre, la batterie de la Sablière et les Moulineaux croisaient les leurs avec ceux de ces positions redoutables sur Issy et sur Vanves.

Un jour arriva où, après avoir essuyé de la part des Versaillais une canonnade épouvantable (les batteries de position avaient été renforcées par des batteries volantes installées près de Fleury et du bas Clamart), les défenseurs du fort d'Issy perdirent toute confiance en eux-mêmes. Durant la journée, deux colonnes de troupes régulières s'étaient avancées, l'une dans la direction de la gare de Clamart, l'autre vers la partie des Moulineaux qu'occupaient encore les fédérés. Sur ce point, la lutte avait été acharnée, sanglante. Après un combat de deux heures, les maisons, reliées entre elles par des barricades, avaient été enlevées par les Versaillais, et les fédérés s'étaient repliés en désordre vers le fort par la tranchée joignant les Moulineaux au parc d'Issy. A minuit, les troupes régulières occupaient les Moulineaux, une partie du parc d'Issy et la gare de Clamart. Elles étaient à 200 mètres du fort, et bientôt des épaulements en terre les garantissaient suffisamment de ses atteintes.

A l'intérieur, le commandant Mégy, ainsi qu'un autre officier supérieur, ayant disparu, les gardes nationaux découragés ne savaient quel parti adopter. Des chefs subalternes ayant voulu prendre le commandement et ordonner quelques travaux de réparation, les ouvriers du génie se mutinèrent, et la petite garnison composée d'environ quatre cents hommes, y compris les artilleurs, le génie et quelques marins, commença à faire sans bruit ses préparatifs de départ. Les marins enclouèrent les pièces, la porte du nord fut ouverte et tous, se dissimulant le mieux possible pour éviter les obus, rentrèrent dans Paris absolument démoralisés, couverts de boue, et les habits en lambeaux.

Cet incident, dès que la Commune en fut informée, lui causa un très-grand trouble. Ce désastre était-il dû à la trahison ou à l'incapacité? Des munitions et des approvisionnements de toute espèce garnissaient encore le fort d'Issy. Ne pourrait-on pas le réoccuper?

En attendant, le général Cluseret fut immédiatement révoqué de ses fonctions, et son arrestation, ordonnée par la Commission exécutive, fut approuvée par la Commune. La note suivante était en même temps insérée au *Journal officiel* : « L'incurie et la négligence du délégué à la guerre ayant failli compromettre notre possession du fort d'Issy, la Commission exécutive a cru de son devoir de proposer l'arrestation du citoyen Cluseret à la Commune, qui l'a décrétée. La Commune a pris d'ailleurs toutes ses mesures pour retenir en son pouvoir le fort d'Issy. » Ajoutons que Cluseret, quelle que fût sa part de responsabilité dans cette affaire, avait contre lui les chefs polonais qui, très-indépendants de leur nature, supportaient mal son commandement et l'accusaient volontiers de trahison.

Le citoyen Rossel était chargé, à titre provisoire, des fonctions de délégué à la guerre, et voici la lettre modeste par laquelle il acceptait ces fonctions : « Citoyens membres de la Commission exécutive, j'ai l'honneur de vous accuser réception de l'ordre par lequel vous me chargez, à titre provisoire, des fonctions de délégué à la guerre. J'accepte ces difficiles fonctions, mais j'ai besoin de votre concours le plus entier, le plus absolu, pour ne pas succomber sous le poids des circonstances. »

Le citoyen Rossel, qui avait vingt-huit ans, était un ancien élève de l'École polytechnique. Entré dans l'arme du génie, il avait fait partie de l'armée de Metz et de celle de la Loire, où il avait été fort remarqué par Gambetta, non-seulement à cause de ses mérites militaires, mais naturellement aussi à cause de son exaltation politique. Au 18 mars, il avait embrassé avec ardeur la cause de la Commune, qui l'avait adjoint au général Cluseret comme chef d'état-major. C'était un homme pâle, blond, raide, énergique, affectant, comme Cluseret, de porter des vêtements civils et se servant de lunettes comme le général Dombrowski.

Dirigeant par le fait, depuis le 9 avril, les opérations engagées du côté du sud, Rossel était parfaitement au courant de la situation en prenant les fonctions dont il était investi. Il était, du reste, l'ami de Cluseret, et, tout ambitieux qu'il fût, n'avait pu voir sans regret l'arrestation de ce dernier. Cette arrestation n'était généralement pas prise au sérieux, d'ailleurs. On avait vu incarcérer également Assi, Brunel, Lullier et Bergeret; Lullier s'était évadé, mais demeurait libre; les autres avaient été relâchés. Il en serait de même sous peu de Cluseret, transféré à la Conciergerie [1].

Sachant que le fort d'Issy était miné, et que de puissantes batteries, installées récemment sur les bastions de Vaugirard, pouvaient aisément réduire en poudre ce qui resterait encore du fort, les Versaillais n'avaient pas voulu s'y installer tout d'abord. A quatre heures, le colonel Rossel reçut, en même temps que sa nomination, l'ordre de calmer la panique en réoccupant Issy. Il chargea aussitôt le colonel Razoua, gouverneur de l'École Militaire, de rassembler plusieurs bataillons casernés au Champ de Mars, et de les diriger sur Issy. Au bout d'une demi-heure, cinq bataillons étaient en effet sous les armes et gagnaient la porte de Vaugirard, accompagnés d'une douzaine de pièces de canon et de nombreux convois de munitions envoyés de l'Hôtel de Ville. Deux heures après, Rossel avait réoccupé le fort d'Issy.

[1] Voir le n° 16 des Notes et Pièces justificatives.

Mais c'était pour peu de jours. Les deux positions qui, avec le fort de Montrouge, couvraient Paris du côté du sud, Vanves et Issy, étaient trop sérieusement menacées pour pouvoir lutter bien longtemps.

Maîtresses d'Asnières d'un côté, bien près d'occuper Vanves, Issy et Montrouge de l'autre, les troupes régulières qui étaient sur le point de pénétrer dans le bois de Boulogne et de le balayer jusqu'aux remparts, après avoir franchi la Seine sur des ponts de bateaux, ces troupes, dont la discipline et l'entrain ne laissaient rien à désirer, en dépit des calomnies intéressées de la Commune, tenaient déjà suspendue sur sa tête l'épée vengeresse de la France et de la civilisation !

CHAPITRE XI

Au moment même où elle destituait le citoyen Cluseret de ses fonctions de délégué à la guerre, la Commune rendait le décret suivant :

Article 1er. Un Comité de salut public sera immédiatement organisé.

Art. 2. Il sera composé de cinq membres nommés par la Commune, au scrutin individuel.

Art. 3. Les pouvoirs les plus étendus sur toutes les délégations et commissions sont donnés à ce Comité, qui ne sera responsable qu'à la Commune.

Les citoyens nommés membres du Comité de salut public étaient : Antoine Arnaud, Léo Meillet, Ranvier, Félix Pyat et Charles Gérardin.

La Commune décrétait en même temps que ses

membres ne pourraient être traduits devant aucune autre juridiction que la sienne propre.

La discussion qui, dans le sein de la Commune, précéda le vote relatif à cette création d'un Comité de salut public, fut des plus orageuses :

Régère se déclara favorable au projet. Loin d'accuser d'incurie les délégués aux différents ministères, il reconnaissait qu'ils avaient fait tout leur possible pour remplir leurs devoirs, mais aussi qu'ils étaient absorbés par les détails, et qu'en fin de compte les décrets de la Commune n'étaient pas exécutés. Viard demanda que si l'on formait le Comité, on procédât avec beaucoup de soin au choix des membres qui le composeraient. Arnold eût voulu que l'on formulât d'une façon précise le programme de ce Comité. Johannard insista pour qu'on en délimitât les attributions, et qu'on n'y fît entrer que des hommes jeunes, décidés, énergiques. Allix fit remarquer que, dans l'idée de la Commune, la nouvelle Commission exécutive était un véritable Comité de salut public. Il craignait qu'on ne se laissât entraîner par des mots ; le Comité de salut public cachait, selon lui, la dictature. Ostyn repoussa absolument tout Comité de salut public. C'était, disait-il, la royauté déguisée, et, si on le formait, il fallait, du moins, qu'on délimitât bien ses pouvoirs. Vésinier dit que le Comité serait, en réalité, un comité exécutif au-dessus des commissions actuelles. On pouvait le créer sans toucher à ce qui existait. Le travail administratif absorbait tout le temps et toutes les forces des membres et des délégués des commissions. Le Comité donnerait la direction politique. Pouvait-il être un danger? non, s'il n'avait pas auprès de lui un tribunal suprême ayant le droit d'arrêter les membres de la Commune ; si cette juridiction n'était pas créée, l'écueil de la dictature serait évité, et un double but serait atteint : inviolabilité de la Commune et direction puissante donnée aux affaires. Chalain pensait que, si le mot de Comité de salut public effrayait, on pourrait l'appeler Comité directeur. Andrieu déclarait mauvais tout vote venant après une nouvelle à sensation (l'évacuation du fort d'Issy). Le nom de Comité de salut public lui importait peu ; c'était la chose qu'il redoutait. Billioray démontrait que la proposition n'était point faite par suite des nouvelles d'Issy. Le Comité de salut public, ou plutôt de direction, aurait pour mission de faire exécuter les décrets de la Commune et de contrôler ses délégués. « C'est un retour aux idées monarchiques !» s'écriait Babick.

—Je demande qu'on ne fasse pas de pastiche révolutionnaire, dit Vaillant. L'important serait de transformer la Commune elle-même, d'en faire ce qu'était la première Commune de Paris, une assemblée de commissions travaillant ensemble, et non un parlement où chacun tient à dire son mot.

— Je ferai observer, dit Miot, que je n'ai pas attendu les nouvelles fâcheuses qui sont venues d'Issy, pour présenter ma proposition. J'insiste pour que la Commune forme un Comité de salut public et non un Comité directeur. On accuse généralement la Commune de mollesse, d'inactivité. Il faut un comité qui donne une impulsion nouvelle à la défense, et ait le courage, s'il le faut, de faire tomber les têtes des traîtres.

Le grand mot était prononcé: la véritable raison d'être du Comité de salut public aux yeux des promoteurs de la mesure, venait d'être donnée. Paris en général accueillit cette raison avec moins de frayeur que d'étonnement pour tant d'audace. Mais il était visible que, plus la Commune comprenait que sa situation était menacée, et plus son attitude et ses actes allaient se rapprocher de ceux de son aînée, la Commune de 1793.

Les inquiétudes jetées dans une certaine portion de la population parisienne par cette institution du Comité de salut public semblaient d'ailleurs partagées jusqu'à un certain point par des membres de la Commune eux-mêmes. Ainsi, le lendemain de l'adoption de cette mesure, le citoyen Jourde, délégué aux finances, après avoir présenté un bilan extrêmement curieux[1] de la situation financière de la Commune, et qui consistait en un résumé des mouvements de fonds du 20 mars au 30 avril 1871, le citoyen Jourde, disons-nous, demanda que la Commune, qu'il remerciait d'ailleurs pour la confiance qu'elle lui avait témoignée, voulût bien nommer une commission de trois membres pour vérifier le bilan qu'il venait de présenter, et, de plus, pourvoir à son remplacement. Cette démission fut d'abord repoussée, mais Jourde la maintint.

— Il faut bien le dire, puisque c'est le fond de ma pensée, vraie ou fausse, reprit-il, mais je crois que, au point de vue général du crédit et des ressources qu'il pouvait m'offrir, la situation de votre délégué aux finances n'est plus la même depuis le vote d'hier sur le Comité de salut public. Peut-être mes craintes à ce sujet ne sont-elles pas mieux

[1] Voir le n° 17 des Notes et Pièces justificatives.

fondées que ne le seraient les appréhensions du monde économique au sujet du Comité et de ses conséquences. Mais, à mon point de vue, il m'est impossible d'accepter la tâche qui m'est confiée.

— Pour que le citoyen Jourde reste aux finances, ajouta Andrieu, il faut qu'on lui rende les finances possibles. Je m'explique. Le crédit vit et naît de certaines conditions. Pour cela, il faudrait que l'article 3, qui accorde des pleins pouvoirs au Comité de salut public, fût supprimé. S'il en était ainsi, je suis le premier à dire à Jourde qu'il a tort, qu'il se pique sans raison. Mais ce mot: «*pleins pouvoirs*» est terrible, et je comprends pour ma part que, si on ne supprime pas cet article, le citoyen Jourde ne veuille pas accepter une telle responsabilité.

— Je suis fortement surpris, dit Miot, de cette espèce de crainte qui surgit à l'occasion du Comité de salut public. Ce que j'ai eu en vue, c'est de frapper la trahison. Au moment où nous laissons à la Commune tout pouvoir, il me semble que les garanties sont suffisantes et que le citoyen Jourde peut conserver ses fonctions, d'autant plus qu'il pourra toujours offrir sa démission.

— Je ne puis rien entreprendre, répliqua Jourde, je ne puis rien faire; car, incontestablement, après votre décret d'hier, le délégué aux finances n'est que le commis du Comité de salut public. C'est pour cela que je ne puis accepter les fonctions que vous m'avez confiées.

Un compromis intervint cependant. La réélection de Jourde fut mise aux voix par le président Paschal Grousset et, sur quarante-quatre votants, Jourde obtint trente-huit suffrages.

Ces curieux débats donnent une idée exacte des deux courants qui existaient dans l'assemblée de l'Hôtel de Ville, mais il était facile de comprendre déjà que, si le règne de la Commune durait encore quelque temps, la partie relativement modérée de ses membres serait inévitablement sacrifiée par l'autre. Histoire éternelle des assemblées révolutionnaires de cette nature.

Les procédés, les habitudes et jusqu'aux dénominations de 1793 semblaient être définitivment adoptés d'ailleurs par les hommes de la Commune. Rien de puéril et d'incommode comme la résurrection du calendrier républicain. Mais ce qui était beaucoup plus sérieux c'étaient la chasse aux réfractaires, les arrestations d'otages devenues de plus en plus nombreuses, les séances de la cour martiale et les condamnations qu'elle prononçait, le projet relatif à la création de cartes de sûreté qu'il faudrait exhiber à la première réclamation de tout garde national, les réquisitions sans nombre, particulièrement de chevaux qu'il était sévèrement interdit de faire sortir de Paris; toutes les vexations, en un mot, et toutes les tyrannies qu'une capitale puisse souffrir de la part d'un groupe de factieux qu'elle reconnaît être capables de tout.

Sept journaux furent supprimés d'un seul coup; la destruction de la chapelle expiatoire de Louis XVI fut décrétée; les persécutions contre le clergé redoublèrent; les églises, spoliées de tout ce qu'elles renfermaient de précieux, furent transformées en clubs et l'on vit non-seulement des hommes mais encore des femmes tenir, en chaire, les propos les plus révoltants. Les religieuses du couvent de Picpus[1] avaient été arrêtées et conduites à Saint-Lazare sous l'absurde prétexte qu'on avait découvert dans leur communauté des traces de séquestration, des instruments de torture et jusqu'à des squelettes d'enfants. Le rôle des morts dans ces attaques systématiques dirigées contre le clergé paraissait, du reste, devoir être fort important. On avait découvert à l'église Saint-Laurent, sous l'autel de la Vierge, une sorte de caveau contenant

---

[1] Voir le n° 18 des Notes et Pièces justificatives.

une douzaine de squelettes, que l'on disait être tous des squelettes de femme (ce qui n'a jamais été prouvé), et cette découverte rappelant à la mémoire des habitants du quartier la légende d'une disparition de jeune fille, laquelle remontait à plusieurs années, on avait bâti sur ces circonstances toute une histoire de violences et de meurtres qu'on imputait aux prêtres qui depuis quarante ans desservaient l'église.

Tout le monde a pu lire sur les murs de Paris une affiche quasi-officielle (elle était imprimée sur papier blanc) qui, acceptant comme prouvés tous les faits coupables que l'on attribuait ainsi aux prêtres et aux religieuses, concluait dans les termes les plus cyniques contre la religion et ses ministres. Ici, la main de l'Internationale se retrouvait encore.

Des fouilles dans les vieux ossuaires des églises se généralisaient, du reste, et sans la fin du règne de la Commune, il est difficile de dire où ces recherches repoussantes se seraient arrêtées. Nous nous souvenons personnellement d'avoir vu, non sans un profond dégoût, sur les marches de l'église des Petits-Pères, des gardes nationaux dévoués à la Commune étaler et ranger de vieux ossements de moines retrouvés dans les cryptes de cette ancienne église, placer les crânes au bout de leurs baïonnettes et les montrer à la foule entassée devant les grilles en disant, lorsque des cheveux ou des lambeaux de capuchon adhéraient encore à ces crânes : « Vous le voyez, ce sont bien là des têtes de femmes ! » Et les propos les plus infâmes circulaient dans les groupes, grâce à la police secrète de Raoul Rigault et de Cournet.

Non, nous ne croyons véritablement pas que la génération de 1793 ait vu, dans cet ordre d'idées, des choses plus honteuses ni plus révoltantes. La haine des ministres de la religion n'a jamais été portée plus loin à aucune époque et la férocité qu'a déployée contre eux la Commune de Paris de 1871 ne peut s'expliquer que comme conséquence d'un système socialiste et d'une idée de destruction préconçue. Certes, les fusillades de la Roquette et l'assassinat des religieux dominicains valent les massacres de l'Abbaye, et tout homme de cœur, disposé ou non à la dévotion, ne peut songer sans frémir à la mort affreuse de ces prêtres dont quelques-uns avaient su se rendre si populaires par leur inépuisable charité, de cet archevêque[1] vertueux et intelligent, qui avait su tenir avec fermeté

---

[1] Voir le n° 19 des Notes et Pièces justificatives.

le drapeau des libertés de l'Église gallicane et qui, destiné à la pourpre du cardinal, n'a rencontré que la pourpre du martyr.

Et par quels hommes tout cela a-t-il été accompli? Ah! le contraste est grand! Et si quelque chose peut surprendre davantage que leur manque absolu de talent politique, lorsqu'on étudie ces fonctionnaires de la Commune, c'est l'insatiable appétit de jouissances brutales et matérielles qui les distingue et a peut-être été le seul mobile de leur fiévreuse ambition. Ils semblent, à la façon dont ils en usent, n'avoir recherché le pouvoir que pour posséder l'argent et les plaisirs qu'il peut procurer. Les uns, tout en faisant arrêter dans les restaurants à la mode des couples qui leur paraissent trop enclins à la licence, se livrent eux-mêmes à de crapuleuses orgies. Raoul Rigault, de sanguinaire mémoire, le meurtrier de Chaudey, file, comme Hercule, aux pieds d'une Omphale de petit théâtre dont il est follement amoureux ; d'autres, comme Billioray, entretiennent à grands frais des beautés de troisième ordre qui les trompent et les vendent; trois d'entre eux ont des mœurs que le marquis de Sade, de trop fameuse mémoire, ne désavouerait pas. L'un d'eux joue au grand seigneur en courtisant une ancienne femme de chambre de grande maison ; Paschal Grousset, le délégué aux affaires étrangères, va passer ouvertement ses nombreux moments perdus avec une maîtresse qui exige de lui un testament à la manière antique. Moins délicats encore que tous ceux-là, il en est plusieurs qui ne comprennent le pouvoir et ses avantages qu'en présence d'une table luxueusement et surtout abondamment fournie, ou sous l'empire des excès bachiques les plus dégradants. Deux sont des repris de justice ; un se fait arrêter par ses collègues parce qu'il porte un faux nom et que, sous le vrai, il a servi jadis la police impériale contre ses nouveaux amis. Aucun n'a de convictions arrêtées et sincères. Flourens, au moins, en avait! Écoutons l'ami de Jules Vallès qui va le trouver pour obtenir l'élargissement du journaliste Polo arrêté par l'artiste Pilotell :

« Je ne veux pas me mêler de cette affaire, lui répond Vallès ; j'ai besoin de ménager Raoul Rigault qui m'accuse de tiédeur. Il faudra bientôt mettre le feu à la moitié de Paris pour ne pas devenir suspect à l'autre moitié. Quel métier! Moi qui suis si paresseux! Ces gens-là me rendront enragé ou fou! Séance le jour! séance la nuit! et pourquoi faire? L'éloge de Babœuf ou d'Anacharsis

Klootz! Tenez, l'armée de Versailles nous arrache heure par heure un lambeau de terrain, de muraille et d'espoir. Eh bien, nous sommes convoqués ce soir pour délibérer sur une proposition de Courbet qui menace de donner sa démission si l'on ne supprime pas Dieu par décret... Je voterai contre la proposition. Dieu ne me gêne pas. Il n'y a que Jésus-Christ que je ne peux pas souffrir, comme toutes les réputations surfaites... Vous demandez comment tout cela finira? Oh! de la façon la plus simple : Cluseret ou un autre vendra une porte aux Versaillais, l'un de ces matins; l'on nous cueillera dans nos lits. Quel joli bouquet pour Cayenne! J'espère être prévenu à temps; ma malle est faite; je file en Suisse ou en Belgique. Avant six mois il y aura en France un changement de gouvernement qui amènera une amnistie. Alors, je rentre. Ma popularité me fait nommer député; je siége sur les bancs de l'opposition modérée, et, ma foi... on ne sait pas... tout est possible...Voyez ce qu'est devenu Picard! »

Et, à l'exception de deux ou trois peut-être, ils étaient tous de même. La lubricité, l'ambition, l'orgie, tels étaient surtout leurs mobiles et leur objectif. Les moyens ne furent pas proportionnés à cette misérable fin.

C'est bien aux hommes de la Commune de 1871 que peuvent s'appliquer ces vers de Juvénal :

> Nil erit ulterius, quod nostris moribus addat
> Posteritas; eadem cupient facientque minores,
> Omne in præcipiti vitium stetit : utere velis;
> Totos pande sinus[1].

On comprend qu'ils n'aimassent pas le grand jour, la publicité, la contradiction. Aussi, par des arrêtés successifs, *tous* les journaux modérés furent-ils supprimés, et il ne resta plus que les feuilles dont les noms suivent. Elles étaient, en effet, à l'exception de deux ou trois, *absolument* dévouées à la Commune, et leurs noms doivent être conservés dans le tableau historique de cette époque :

Le Journal officiel, — *le Rappel,* — *le Vengeur,* — *le Cri du Peuple,* — *le Réveil du Peuple,* — *le Père Duchêne,* — *Paris libre,* — *le Tribun du Peuple,* — *le Salut public,* — *le Journal populaire,* — *le Bulletin du jour,* — *la Politique,* — *la Constitution,* — *l'Avant-Garde,* — *l'Estafette,* — *le Fédéraliste.*

---

[1] « La postérité n'ajoutera rien à la dépravation de nos mœurs; je défie nos neveux de surpasser leurs pères, le vice est à son comble : voguez à pleines voiles. »   JUVÉNAL, satire I.

Afin que leur œuvre fût complétée, avant la grande catastrophe finale, il leur fallait renverser l'hôtel de M. Thiers et la colonne d'Austerlitz. La première de ces deux mesures fut annoncée par un arrêté du Comité de salut public dont la teneur est encore présente à la mémoire de la population parisienne, chez laquelle elle produisit une vive émotion. Le décret était daté du 21 floréal an 79 :

« ARTICLE PREMIER. Les biens meubles des propriétés de Thiers seront saisis par les soins de l'admitration des domaines. — ART. 2. La maison de Thiers, située place Georges, sera rasée. — ART. 3. Les citoyens Fontaine, délégué aux domaines, et J. Andrieu, délégué aux services publics, sont chargés, chacun en ce qui le concerne, de l'exécution *immédiate* du présent arrêté. »

Quant au renversement de la colonne de la place Vendôme, cet acte stupide, ce crime de lèse-nation, accompli en présence d'un public officiel et d'une multitude hébétée, dans laquelle circulaient tous les agents secrets de la police communale, il fut annoncé dans les termes suivants :

« Le décret de la Commune de Paris, qui ordonnait la démolition de la colonne Vendôme, a été exécuté hier aux acclamations d'une foule compacte, assistant, sérieuse et réfléchie, à la chute d'un monument odieux élevé à la fausse gloire d'un monstre d'ambition. La date du 26 floréal sera glorieuse dans l'histoire, car elle consacre notre rupture avec le militarisme, cette sanglante négation de tous les droits de l'homme... La Commune de Paris avait pour devoir d'abattre le symbole du despotisme : elle l'a rempli. Elle prouve ainsi qu'elle place le droit au-dessus de la force et qu'elle préfère la justice au meurtre, même quand il est triomphant. Que le monde en soit bien convaincu, les colonnes qu'elle pourra ériger ne célébreront jamais quelque brigand de l'histoire, mais elles prépareront le souvenir de quelque conquête glorieuse dans le champ de la science, du travail et de la liberté. »

Pour avoir le droit de tenir un pareil langage, dont la phraséologie vulgaire ne parvenait pas à dissimuler le vide, il aurait fallu ne pas incendier les bibliothèques et les collections scientifiques ; il aurait fallu surtout ne pas prendre devant l'histoire la responsabilité des sanglants brigandages de mai 1871.

Le décret relatif à la démolition de l'hôtel de M. Thiers, destruction brutale et inintelligente, qui, par parenthèse, avait su émouvoir le grand homme d'État et le prendre par son côté sensible, ce décret avait, dans ses considérants ridicules, fait allusion à la proclamation que le chef du pouvoir exécutif venait de lancer, et que l'on a nommée la dernière sommation du gouvernement de Versailles. Son en-tête officiel était : « Le Gouvernement de la République française aux Parisiens. »

« La France librement consultée par le suffrage universel, disait M. Thiers dans cette pièce extrêmement remarquable, a élu un gouvernement qui est le seul légal, le seul qui puisse commander l'obéissance, si le suffrage universel n'est pas un vain mot.

« Ce gouvernement vous a donné les mêmes droits que ceux dont jouissent Lyon, Marseille, Toulouse, Bordeaux ; et, à moins de mentir au principe de l'égalité, vous ne pouvez demander plus de droits que n'en ont toutes les autres villes du territoire.

« En présence de ce gouvernement, la Commune, c'est-à-dire la minorité qui vous opprime et qui ose se couvrir de l'infâme drapeau rouge, a la prétention d'imposer à la France ses volontés. Par ses œuvres, vous pouvez juger du régime qu'elle vous destine. Elle viole les propriétés, emprisonne les citoyens pour en faire des otages, transforme en désert vos rues et vos places publiques, où s'étalait le commerce du monde, suspend le travail dans Paris, le paralyse dans toute la France, arrête la prospérité qui était prête à renaître, retarde l'évacuation du territoire par les Allemands et vous expose à une nouvelle attaque de leur part, qu'ils se déclarent prêts à exécuter sans merci, si nous ne venons pas nous-mêmes comprimer l'insurrection.

« Nous avons écouté toutes les délégations qui nous ont été envoyées, et pas une ne nous a offert une condition qui ne fût l'abaissement de la souveraineté nationale devant la révolte, le sacrifice de toutes les libertés et de tous les intérêts. Nous avons répété à ces délégations que nous laisserions la vie sauve à ceux qui déposeraient les armes, que nous continuerions le subside aux ouvriers nécessiteux. Nous l'avons promis, nous le promettons encore; mais il faut que cette insurrection cesse, car elle ne peut se prolonger sans que la France y périsse.

« Le gouvernement qui vous parle aurait désiré que vous puissiez vous affranchir vous-mêmes des quelques tyrans qui se jouent de votre liberté et de votre vie. Puisque vous ne le pouvez pas, il faut bien qu'il s'en charge, et c'est pour cela qu'il a réuni une armée sous vos murs, armée qui vient, au prix de son sang, non pas vous conquérir, mais vous délivrer.

« Jusqu'ici il s'est borné à l'attaque des ouvrages extérieurs. Le moment est venu où, pour abréger votre supplice, il doit attaquer l'enceinte elle-même. Il ne bombardera pas Paris, comme les gens de la Commune et du Comité de salut public ne manqueront pas de vous le dire. Un bombardement menace toute la ville, la rend inhabitable, et a pour but d'intimider les citoyens et de les contraindre à une capitulation. Le gouvernement ne tirera le canon que pour forcer une de vos portes, et s'efforcera de limiter, au point attaqué, les ravages de cette guerre dont il n'est pas l'auteur.

« Il sait, il aurait compris de lui-même, si vous ne vous ne lui aviez fait dire de toutes parts, qu'aussitôt que les soldats auront franchi l'enceinte, vous vous rallierez au drapeau national pour contribuer, avec notre vaillante armée, à détruire une sanguinaire et cruelle tyrannie.

« Il dépend de vous de prévenir les désastres qui sont inséparables d'un assaut. Vous êtes cent fois plus nombreux que les sectaires de la Commune. Réunissez-vous, ouvrez-nous les portes qu'ils ferment à la loi, à l'ordre, à votre prospérité, à celle de la France. Les portes ouvertes, le canon cessera de se faire entendre; le calme, l'ordre, l'abondance, la paix rentreront dans vos murs; les Allemands évacueront votre territoire, et les traces de vos maux disparaîtront rapidement.

« Mais si vous n'agissez pas, le gouvernement sera obligé de prendre pour vous délivrer les moyens les plus prompts et les plus sûrs. Il vous le doit à vous, mais il le doit surtout à la France, parce que les maux qui pèsent sur vous pèsent sur elle; parce que le chômage qui vous ruine s'est étendu à elle et la ruine également; parce qu'elle a le droit de se sauver, si vous ne savez pas vous sauver vous-mêmes.

« Parisiens, pensez-y mûrement : dans très-peu de jours nous serons dans Paris. La France veut en finir avec la guerre civile. Elle le veut, elle le doit, elle le peut. Elle marche pour vous délivrer. Vous pouvez contribuer à vous sauver vous-mêmes, en rendant l'assaut inutile, et en reprenant votre place dès aujourd'hui au milieu de vos frères. »

C'était bien là le langage d'un véritable homme d'État et cela reposait des élucubrations malsaines de la Commune. M. Thiers parvint à faire afficher dans Paris quelques exemplaires de cette proclamation, qui frappa vivement le public, et c'est pour cela que les hommes de l'Hôtel de Ville voulurent à leur tour agir sur l'imagination du peuple en décrétant que la maison de M. Thiers serait rasée.

Que ne décrétaient-ils aussi, comme cela se faisait au moyen âge, que l'on sèmerait de sel le sol qu'elle avait occupé? Les mêmes passions, les mêmes violences peuvent se manifester de la même sorte.

De telles colères pouvaient, du reste, être comprises sinon excusées chez les hommes de la Commune, car leurs affaires semblaient prendre une déplorable et menaçante tournure.

Nous avons vu que le fort d'Issy avait été évacué, puis réoccupé par les troupes de la Commune. Il ne devait pas résister longtemps aux attaques extérieures et aux défections intérieures qui concouraient également à sa chute.

Mais avant de la raconter ainsi que les événements qui en furent la conséquence, disons comment le nouveau délégué à la guerre, Rossel, avait réparti les différents commandements militaires de l'armée fédérée :

Le général Dombrowski devait se tenir de sa personne à Neuilly et diriger directement les opérations de la rive droite ;

Le général La Cécilia était chargé de conduire les opérations entre la Seine et la rive gauche de la Bièvre. Il prendrait le titre de général commandant le centre ;

Le général Wroblewski conserverait le commandement de l'aile gauche ;

Le général Bergeret commanderait la première brigade de réserve, et le général Eudes la deuxième brigade active de cette même réserve.

Chacun de ces généraux conserverait un quartier dans l'intérieur de la ville, savoir : le général Dombrowski, à la place Vendôme ; le général La Cécilia, à l'École Militaire ; le général Wroblewski, à l'Élysée ; le général Bergeret, au Corps-Législatif, enfin le général Eudes, à la Légion-d'Honneur.

Telle fut la répartition des commandements jusqu'au moment où Dombrowski fut nommé général en chef, c'est-à-dire dans les derniers jours de la lutte.

Depuis quelques jours, l'armée régulière remarquait dans le fort d'Issy un mouvement qui faisait vaguement prévoir un dénoûment prochain et favorable. Les allées et venues des fédérés étaient incessantes. Ils semblaient chercher à s'éloigner du fort par détachement, peu nombreux et à s'engager dans l'unique voie qui, grâce aux approches de l'armée de Versailles, pouvait encore les conduire vers Paris. D'autres s'efforçaient de s'enfuir sans armes dans la direction des positions de l'armée, au risque, comme cela se produisit plusieurs fois, de recevoir de la part des leurs des balles que leur épargnaient les soldats. L'entrée des troupes dans le fort d'Issy n'était plus, on le voit, qu'une question d'heures.

Dans le but de cacher les préparatifs d'évacuation, la garnison essayait pourtant de faire encore bonne contenance. Elle envoyait de temps en temps quelques obus sur le plateau de Châtillon et les autres positions plus rapprochées des Versaillais ; mais, pour obtenir ce mince résultat, il fallait que les artilleurs, en servant chacune des pièces non encore démontées, s'exposassent à une mort presque certaine.

Les troupes hésitaient à s'élancer dans le fort démantelé parce qu'on redoutait qu'il ne fût miné. Dans la matinée du 8 mai, cependant, l'entrée fut décidée. Un certain nombre de gardes nationaux l'occupaient encore, et il était au moins très-probable qu'ils ne pousseraient pas le dévouement aux hommes qui les payaient et les encourageaient de loin jusqu'à se faire sauter en l'air avec le fort. Ce fut une compagnie de la brigade Paturel qui, la première, y pénétra. La résistance des fédérés fut presque nulle. Ils étaient là quatre cents environ qui mirent aussitôt bas les armes. A onze heures, le drapeau tricolore flottait sur Issy.

Les combats livrés les jours précédents dans le village de ce nom avaient certainement favorisé et même amené ce résultat important qui rendait extrêmement critique la position du fort de Vanves, déjà si maltraité par les batteries de Châtillon et de Meudon.

Dans un but et pour un motif assez difficiles à apprécier, le délégué à la guerre, Rossel, s'empressa de faire connaître ce résultat à la population parisienne par une affiche dont la rédaction sommaire annonçait laconiquement que « le drapeau tricolore flottait sur le fort d'Issy, abandonné par la garnison. »

Cette affiche rédigée et posée sans que Rossel eût consulté aucun des membres de la Commune devait-elle servir de signal à un mouvement intérieur sourdement préparé par des gardes nationaux amis de l'ordre et qui avaient su maintenir des communications secrètes avec Versailles? On l'a dit, mais la chose n'a jamais été prouvée.

Toujours est-il que le Comité de salut public

donna immédiatement l'ordre d'arrêter le délégué à la guerre. Cet ordre fut exécuté, mais il se passa alors un fait non moins extraordinaire que l'affiche imprudente de Rossel. Le colonel arrêté avait été conduit à l'Hôtel de Ville. Le Comité de salut public le fit enfermer à la questure et le confia à la garde du citoyen Charles Gérardin, membre de la Commune. Cependant, vers cinq heures du soir, Avrial vint annoncer au Comité que l'ex-délégué à la guerre, que l'on croyait retenu prisonnier dans un des bureaux de la questure, avait quitté l'Hôtel de Ville accompagné de son gardien, Charles Gérardin. L'étonnement et l'indignation furent grands. « Je me charge, s'écria Bergeret, de faire exécuter les ordres de la Commune en ce qui concerne Rossel. » Gambon lui fit donner des pleins pouvoirs ; mais ces pleins pouvoirs ne servirent à rien. Rossel, pas plus que Gérardin, contre lequel un mandat d'amener avait également été lancé, ne put être découvert. Tous deux n'avaient cependant pas quitté Paris.

Dans son journal *le Vengeur*, Félix Pyat traita avec un certain dédain cet incident presque ridicule dans sa gravité. « Où qu'il aille, et quoi qu'il fasse, disait-il, faute ou crime, démence ou félonie ; quelles que soient même nos fautes à nous, excès de confiance ou défiance, trop de faiblesse ou de rigueur; incurie ou incapacité, il y a quelque chose au-dessus de nos défauts et de nos mérites, de nos défaillances et de nos énergies, il y a la force des choses, force majeure, une sorte de gravitation fatale, qui entraîne bon gré mal gré la province dans l'orbite de Paris.

« Le mouvement est irrésistible, doué d'une puissance et d'une précision astronomique. Nous pouvons être indulgents. Nous sommes forts. Tous les Rossel n'y peuvent rien. A tous les Rossel passés, présents et futurs, je réponds de la Commune ce que Galilée répondait de la terre : Et pourtant elle tourne! Nos ennemis auront beau faire, nous tromper et même nous trahir, je mets la chose au pire; nous aurons beau les laisser faire, et après les laisser fuir, n'importe? par-dessus tout, il y a l'impuissance de Versailles. C'est notre force. Et ce n'est pas notre seule force! Outre l'impuissance de Versailles, Paris a pour lui deux cent mille gardes nationaux armés. Contre ses portes l'enfer impérial ne prévaudra! »

Mais le Comité de salut public ne prit pas la chose avec tant de sérénité. Il publia de suite cette proclamation au peuple de Paris dans laquelle il n'hésitait pas, d'ailleurs, à flétrir Rossel et son complice. La rédaction fébrile de cette pièce montre les préoccupations toujours croissantes du Comité beaucoup moins rassuré que Félix Pyat sur l'avenir de la Commune. Ce document était signé : A. Arnaud, E. Eudes, F. Gambon, G. Ranvier.

« Citoyens, la Commune et la République viennent d'échapper à un péril mortel.

« La trahison s'était glissée dans nos rangs. Désespérant de vaincre Paris par les armes, la réaction avait tenté de désorganiser ses forces par la corruption. Son or, jeté à pleines mains, avait trouvé jusque parmi nous des consciences à acheter.

« L'abandon du fort d'Issy, annoncé dans une affiche impie par le misérable qui l'a livré, n'était que le premier acte du drame : une insurrection monarchique à l'intérieur, coïncidant avec la livraison d'une de nos portes, devait le suivre et nous plonger au fond de l'abîme.

« Mais, cette fois encore, la victoire reste au droit.

« Tous les fils de la trame ténébreuse dans laquelle la Révolution devait se trouver prise sont, à l'heure présente, entre nos mains.

« La plupart des coupables sont arrêtés.

« Si leur crime est effroyable, leur châtiment

sera exemplaire. La cour martiale siége en permanence. Justice sera faite.

« La Révolution ne peut être vaincue; elle ne le sera pas.

« Mais s'il faut montrer au monarchisme que la Commune est prête à tout plutôt que de voir le drapeau rouge brisé entre ses mains, il faut que le peuple sache bien aussi que de lui, de lui seul, de sa vigilance, de son énergie, de son union, dépend le succès définitif.

« Ce que la réaction n'a pu faire hier, demain elle va le tenter encore.

« Que tous les yeux soient ouverts sur ses agissements.

« Que tous les bras soient prêts à frapper impitoyablement les traîtres. Que toutes les forces vives de la Révolution se groupent pour l'effort suprême, et alors seulement, le triomphe est assuré. »

Le citoyen Ch. Delescluze fut immédiatement nommé délégué civil à la guerre, poste qu'il a gardé jusqu'à la fin, et, là, une terrible besogne l'attendait, car les affaires militaires de la Commune empiraient de jour en jour.

CHAPITRE XII

A la suite de la prise du fort d'Issy, le maréchal de Mac-Mahon avait adressé à l'armée un ordre du jour par lequel, après avoir remercié les soldats d'avoir répondu à la confiance que la France avait mise en eux, il énumérait les succès obtenus grâce à la bravoure et à l'énergie avec lesquelles l'armée avait vaincu les obstacles que lui opposait une insurrection disposant de tous les moyens préparés par la capitale contre l'étranger.

L'armée avait enlevé successivement à cette insurrection redoutable les positions de Meudon, Sèvres, Rueil, Courbevoie, Bécon, Asnières, les Moulineaux, le Moulin-Saquet. Elle venait enfin d'entrer dans le fort d'Issy. Plus de deux mille prisonniers et de cent cinquante bouches à feu étaient restés entre ses mains à la suite de ces différents combats. « Le pays applaudit à vos succès, ajoutait le maréchal, et il y voit le présage de la fin d'une lutte que nous déplorons tous. Paris nous appelle pour le délivrer du prétendu gouvernement qui l'opprime. Avant peu, nous planterons sur ses remparts le drapeau national et nous obtiendrons le rétablissement de l'ordre réclamé par la France et l'Europe entière. »

Ces prédictions du duc de Magenta étaient en train de s'accomplir.

La prise du fort d'Issy entraînait, en quelque sorte forcément, l'évacuation du fort de Vanves. L'armée régulière, en entrant à Issy, y avait immédiatement installé des batteries nouvelles de grosses pièces de marine dont le feu terrible, dirigé sur Vanves, devait achever de rendre cette position intenable pour les insurgés.

Vanves ne tarda pas, en effet, à être évacué par ses défenseurs. Ses casernes avaient été incendiées; toutes ses défenses étaient détruites par le feu de l'armée régulière. Les 105e, 187e et 262e bataillons qui l'occupaient (ce dernier réduit à cent hommes au plus), résolurent d'en sortir, les uns par les puits communiquant à des souterrains qui se reliaient eux-mêmes aux catacombes de Paris, les autres par les tranchées qui avaient été construites au delà du village de Vanves, dit Malakoff. Les premiers faillirent périr dans les souterrains où ils s'étaient si imprudemment engagés, et ce fut par un heureux hasard que des ouvriers carriers les y rencontrèrent dans un pitoyable état et purent leur porter secours. Tous pourtant ne revirent pas la lumière du jour et ont dû succomber d'une horrible façon dans ces passages souterrains.

On trouva vingt-quatre canons dans le fort de Vanves, dont l'occupation par les Versaillais ne fut connue à Paris qu'assez tardivement. Chose singulière! cette nouvelle n'y produisit pas, à beaucoup près, la sensation qu'avait produite la prise du fort d'Issy. On s'habitue aux désastres comme aux victoires. L'officier qui commandait à Vanves fut pourtant arrêté dès le lendemain ; il devait passer devant la terrible cour martiale comme le colonel Daviot et le commandant Vanostal, condamnés pour l'abandon d'Issy, le premier à quinze ans, le second à dix ans de reclusion.

L'évacuation du fort de Vanves devait avoir pour conséquence la prise très-rapprochée de celui de Montrouge. Elle eut pour résultat immédiat de permettre à l'armée d'ouvrir une tranchée parallèle encore plus rapprochée du rempart que celle entreprise en avant de Mortemart. D'un autre côté, la batterie construite dans l'île de Saint-Germain avait réduit à l'impuissance les chaloupes canonnières de la Commune embossées en avant du viaduc d'Auteuil. Elles finirent par être rejetées au delà du Point-de-Jour, puis désarmées comme étant désormais inutiles; l'une d'elles avait été coulée par les canons versaillais.

Après de nombreux combats à Neuilly et au bois de Boulogne, les tranchées commencées sur ce dernier terrain avançaient chaque jour un peu plus. Bientôt on ne fut plus qu'à deux cents mètres du rempart, où une large brèche, réparée la nuit par les gardes nationaux, ne s'agrandissait pas moins tous les jours. La porte d'Auteuil était à peu près détruite par les projectiles de Montretout et de Breteuil.

Les fédérés essayèrent une dernière et sérieuse attaque à l'extrémité gauche, entre Saint-Ouen et Asnières, tout en inquiétant fortement, comme diversion, les positions de l'armée au bois de Boulogne. Ce plan n'était pas mauvais, car, s'ils réussissaient à dépasser Asnières, ils pouvaient s'avancer entre Gennevilliers et Colombes, tourner Rueil et menacer Saint-Germain ou Versailles ; mais ils furent repoussés par le général Pradier.

Cluseret, sorti de Mazas, mais toujours surveillé par ses collègues, écrivait alors à l'un d'eux :

« La différence entre l'état de la défense telle que je l'ai quittée le 30 et telle que je le retrouve le 15 mai, me force à rompre le silence que je m'étais imposé. J'avais ordonné, à plusieurs reprises avant mon arrestation, au citoyen Gaillard père, de cesser les travaux inutiles des barricades intérieures, pour concentrer toute son activité de barricadier sur la barrière de l'Étoile, la place du Roi-de-Rome et celle d'Eylau. Ce triangle forme une place d'armes naturelle ; en y joignant la place Wagram et barricadant l'espace restreint compris entre la porte de Passy et la porte de Grenelle, on a une seconde enceinte, plus forte que la première. J'avais donné l'ordre au colonel Rossel de faire faire ce travail, et, pour plus de sûreté, dérogeant aux habitudes hiérarchiques, j'avais donné des ordres directs au citoyen Gaillard père, en présence du colonel Rossel, sachant qu'il n'écoutait que ce dernier.

« Non content de cela, dès le second jour de mon arrestation, j'écrivais au citoyen Protot et à la Commission exécutive de donner toute leur attention à ce travail indispensable. Mes ordres ont-ils été exécutés ? On me dit que non. Il importe qu'ils le soient et de suite.

. . . .

« Ces travaux que j'avais ordonnés comme mesure de précaution sont devenus des travaux d'*urgence* depuis qu'en mon absence on a laissé prendre Issy et surtout commis cette faute énorme : laisser envahir le bois de Boulogne ; mouvement que je faisais surveiller chaque nuit et ne se serait jamais accompli si j'avais été là.

« Maintenant, nous avons à subir un siége en règle.

« Aux travaux d'approche il faut opposer des travaux de contre-approche, si vous ne voulez pas vous réveiller un de ces matins avec l'ennemi dans Paris. »

Le 17 mai, à six heures moins un quart, une effroyable explosion jetait la terreur dans tout Paris. Qu'était-il arrivé? L'armée de Versailles avait-elle fait sauter une des portes de l'enceinte? l'assaut allait-il être donné? La population courait effarée dans les rues, interrogeant du regard le ciel bleu d'une belle soirée de mai, sur lequel se détachait en s'élevant une épaisse colonne de fumée tout irisée par les rayons du soleil.

Du centre de cette nuée aux couleurs changeantes, retombait une pluie de balles sur tous les quartiers d'alentour. Sinistre feu d'artifice, des milliers de cartouches, projetées en l'air, éclataient et lançaient au loin leurs projectiles meurtriers.

La cartoucherie de l'avenue Rapp venait de sauter. Elle se composait de deux corps de bâtiments; l'un servait de dépôt pour les projectiles chargés, l'autre était l'atelier. C'est dans le dépôt, composé de plusieurs caves que la première et principale explosion avait eu lieu, suivie presque instantanément de quelques autres moins fortes. La disposition des lieux excluait donc toute idée que le désastre, très-vraisemblablement dû à l'imprudence d'un employé, pût être attribué à la malveillance. On cria pourtant de suite à la trahison, la chose n'était pas douteuse : le feu avait été mis aux poudres par quelque agent de Versailles. La population, suffisamment exaltée déjà, dans le premier moment de doute et d'effroi, le fut bien plus encore par la proclamation insensée et mensongère de la Commune. « Le gouvernement de Versailles, disait ce document, avec la légèreté la plus condamnable, vient de se souiller d'un nouveau crime, le plus épouvantable, le plus lâche de tous. Ses agents ont mis le feu à la cartoucherie de l'avenue Rapp et provoqué une explosion effroyable. On évalue à plus de cent le nombre des victimes. Des femmes, un enfant à la mamelle, ont été mis en lambeaux. Quatre des coupables sont entre les mains de la sûreté générale. »

Quatre personnes que le hasard avait amenées fatalement sur le lieu de l'explosion avaient été saisies, en effet. De ce nombre se trouvait le comte Zamoïsky, riche Polonais, qui n'avait que le tort d'avoir des amis à Versailles. Une correspondance trouvée chez lui et incriminée uniquement parce qu'elle venait du chef-lieu du gouvernement légal, était la seule pièce sur laquelle pût se baser la grave accusation dirigée contre lui. Mais, en ce moment, il importait à la Commune que le gouvernement de Versailles parût odieux à la population de Paris, et pour cela on ne reculerait devant rien, pas même devant la condamnation et le meurtre de gens innocents.

Revenu de son premier mouvement d'épouvante et appréciant les choses avec plus de sang-froid, le peuple de Paris comprit bientôt qu'il était trompé une fois de plus. Les proclamations de la Commune valaient ses bulletins quotidiens de victoire; la catastrophe de la cartoucherie de l'avenue Rapp, fort exagérée d'ailleurs dans ses résultats meurtriers, quoique ayant produit de grands dommages matériels, était due à une de ces imprudences malheureusement si fréquentes qui amènent trop naturellement les explosions de ce genre. Quant aux personnes arrêtées, elles ont échappé aux misérables vengeances de la Commune.

La fin du drame approchait, en effet, et l'heure de l'expiation allait sonner. Désormais les jours de la Commune étaient comptés.

Dans la soirée du dimanche 21 mai, le bruit commençait à se répandre sur la ligne des boulevards avoisinant la place de la Concorde, que les troupes de Versailles étaient entrées déjà dans l'enceinte de Paris. Cette nouvelle était fort controversée, d'ailleurs, et les naïfs s'appuyaient pour soutenir la négative sur les articles des journaux de la Commune, qui prétendaient que, pendant la nuit précédente, une attaque des Versaillais avait été repoussée, au bois de Boulogne, avec d'énormes pertes de leur côté.

On devait être trompé jusqu'au bout, et la Commune qui savait très-probablement déjà à quoi s'en tenir sur la réalité des choses, n'avait aucun désir de faire connaître la vérité. Ce fut le lendemain matin seulement que cette vérité apparut tout entière dans des proclamations où les hommes de l'Hôtel de Ville appelaient le peuple aux armes.

Ce même dimanche 21 mai, à quatre heures du soir à peu près, l'armée régulière franchissait la porte du Point-du-Jour. Le canon, surtout celui de Montretout, avait rendu les brèches praticables. On vint dans la journée du 21 prévenir les travailleurs de tranchée que ces brèches, si faciles à franchir déjà, n'étaient même plus régulièrement gardées par les fédérés. Le fait était vrai ; les soldats de la Commune, indisciplinés et fatigués, s'étaient éloignés des remparts pour se soustraire autant que possible aux projectiles versaillais, et bon nombre d'entre eux, après de trop copieuses libations, étaient absolument incapables d'opposer à l'envahisseur la plus faible résistance. Ces conditions étaient trop favorables pour qu'on n'en profitât pas immédiatement, et le renseignement officieux était bon. Des marins, envoyés en éclaireurs et chargés de sonder le terrain, s'introduisirent par la brèche de la porte de Saint-Cloud. Ils ne rencontrèrent aucun obstacle, et le général Douay, prévenu, les fit suivre sur-le-champ de plusieurs détachements d'infanterie, qu'il renforça succes-

[1] Voir pour tous ces détails les derniers n°ˢ des Notes et Pièces justificatives.

sivement jusqu'à ce qu'ils pussent prendre solidement position, tandis que, remontant vivement par le viaduc d'Auteuil, jusqu'aux portes d'Issy et de Vaugirard, un autre détachement assez considérable d'infanterie ouvrait les portes aux troupes placées sous le commandement du général de Cissey, mouvement qui fut exécuté avec tant de rapidité et d'entrain, que les fédérés surpris, n'opposant qu'une insignifiante résistance, se retirèrent en désordre et jetèrent le désarroi dans les quartiers extrêmes de la rive gauche. Ce désordre et l'abandon des batteries des bastions de ce côté de l'enceinte était d'autant plus explicable, que deux cents artilleurs avaient refusé leurs services dans la journée même, sous le prétexte qu'on ne leur donnait plus ni vivres ni solde. L'officier qui les commandait voulant, le revolver à la main, les forcer de rester à leur poste, un des révoltés lui avait même brûlé la cervelle.

Profitant de toutes ces circonstances incontestablement favorables, l'énergique général de Cissey employa la nuit du dimanche au lundi à s'installer dans tout l'arrondissement de Vaugirard, sa droite appuyée à la gare de Montparnasse. Le 22, à six heures du matin, il était maître du champ de Mars, et pouvait communiquer avec le corps du général Vinoy par le pont de Grenelle, occupé la veille au soir.

Mais il n'eût pas suffi, pour le succès d'ensemble de l'entreprise, de s'étendre sur la rive gauche de la Seine; un double objectif se présentait au général en chef de l'armée de Versailles : le maréchal de Mac-Mahon savait fort bien que deux points assuraient absolument la possession de Paris, qui, une fois ces deux points occupés par l'assaillant, ne pouvait plus prolonger sa résistance que dans une limite de temps assez restreinte. Ces deux positions maîtresses, ces deux clefs de Paris, c'étaient Montmartre et le Trocadéro.

Il fallait donc, avant tout, s'emparer du Trocadéro et de Montmartre, et, chose vraiment singulière à noter dans le récit de cette lutte suprême, ce furent ces deux points qu'on enleva relativement avec le moins de difficultés et de pertes. Le Trocadéro ne donna même que la peine de le surprendre.

Il est certain que, du côté du bois de Boulogne, notamment dans la partie comprise entre la porte Maillot et la porte Dauphine, les troupes trouvèrent, pour s'introduire dans l'enceinte, des facilités qui ne s'accordaient pas avec l'énergie et même la fidélité que la Commune se croyait en droit d'attendre de ses soldats, et c'est ce qui, dans le moment, a fait accuser de trahison certains bataillons fédérés, notamment le 113ᵉ.

Toujours est-il qu'avant cinq heures du matin, dans la nuit du dimanche 21 au lundi 22 mai, le Trocadéro était surpris sans que les gardes nationaux qui l'occupaient eussent le temps de se mettre en défense, et qu'il en était de même des barricades circulaires de l'Arc de Triomphe de l'Étoile, d'où les fédérés, qui se croyaient en sécurité parfaite, enlevèrent précipitamment les canons qu'ils étaient occupés à mettre en batterie, descendant l'avenue des Champs-Élysées dans un désordre extrême, tandis que les troupes régulières retournaient contre les batteries installées sur la terrasse des Tuileries la barricade élevée sous l'Arc de Triomphe.

Cependant, à partir de trois heures du matin, le tocsin et la générale s'étaient fait entendre dans tous les quartiers de Paris. La population, matinalement réveillée et partagée entre la crainte et l'espoir, comme un prisonnier qui attend ses libérateurs, écoutait la fusillade lointaine, les mille bruits du dehors et recherchait avec anxiété les nouvelles de la rue. Vers cinq heures du matin, sur la rive droite de la Seine, les bataillons fédérés, qui avaient abandonné les fortifications ainsi que les positions qu'ils occupaient autour de l'Arc de Triomphe, à Neuilly, à Levallois, aux Ternes, fuyaient par les boulevards Haussmann, Malesherbes et les rues adjacentes. L'armée régulière, parvenue à la barrière de l'Étoile, s'était divisée en trois colonnes : l'une descendant vers Saint-Augustin par le boulevard Haussmann, sous les ordres du général Douay; les deux autres commandées par les généraux Clinchant et Ladmirault s'avançant, la première sur Clichy, la seconde vers Montmartre, en opérant un mouvement tournant.

Les fuyards qui songeaient déjà à opposer à leurs adversaires un réseau de barricades capable d'arrêter leur marche, ne faisaient point encore volte-face pour leur résister. Les premiers coups de feu, de ce côté, furent tirés dans les rues d'Argenson, Cambacérès et Abbatucci, où des essais de barricades furent faits et promptement empêchés par les soldats qui, à l'entrée du boulevard Malesherbes, en face de l'église Saint-Augustin, profitèrent du travail commencé par les défenseurs de la Commune pour s'abriter, en l'achevant, contre le feu de la barricade, — très-sérieuse, celle-là — élevée en avant de la Madeleine à la hauteur de la rue de l'Arcade.

Cluseret avait fortement insisté pour l'établissement d'une seconde ligne de fortifications volantes dans le triangle du Trocadéro, de l'Arc de Triomphe, de la place d'Eylau et de celle de Wagram. Cette seconde ligne de défense n'avait été qu'ébauchée avant l'entrée dans Paris de l'armée régulière; faute énorme que, soit indifférence et incurie, soit faute de temps, la Commune avait commise. Maintenant, il fallait qu'elle se reportât de suite derrière la troisième ligne, c'est-à-dire dans Paris même, ou, pour mieux dire, qu'elle improvisât sur-le-champ cette troisième ligne, car, à part quelques points fortifiés avec soin à l'avance, tels que la place de la Concorde, défendue par les deux barricades de la rue Royale et de la rue de Rivoli, ainsi que par la terrasse des Tuileries, excepté l'Hôtel de Ville, Montrouge, notamment du côté de la route d'Orléans et les boulevards de Charonne, Belleville et Montmartre, dans tout le reste de la ville, la troisième ligne d'obstacles défensifs n'existait pas encore.

Mais à Paris les barricades vont vite. Dès le 22, il y en avait déjà à l'avenue du Maine, à celle d'Orléans, à la barrière et dans la rue d'Enfer, sur le boulevard Saint-Michel, à l'entrée de la rue Gay-Lussac, dans la rue Monsieur-le-Prince, aux alentours de Saint-Sulpice, aux ponts Saint-Michel et du Châtelet, dans les rues des Tournelles, Saint-Martin, à la pointe Saint-Eustache, aux portes Saint-Martin et Saint-Denis, au Château-d'Eau. Les abords de l'ancien et du nouvel Opéra, les rues de la Chaussée-d'Antin, de Notre-Dame-de-Lorette, de Clichy en furent promptement garnis, ainsi que les quais de la rive droite et de la rive gauche, dans une grande partie de leurs parcours. Seulement, faute de temps, beaucoup de ces barricades n'étaient pas suffisamment élevées, beaucoup de ces obstacles n'étaient pas complétés lorsqu'ils furent attaqués et pris.

Et pourtant, à toutes ces constructions avaient travaillé avec une sorte de frénésie, avec une ardeur fiévreuse, des gardes nationaux, des hommes en blouse, des femmes, des enfants, sous les ordres d'agents de la Commune à figure rébarbative, qui forçaient les passants à coopérer, malgré eux, au travail fébrile de l'insurrection. On a vu, à la barricade du Châtelet, deux femmes portant des écharpes rouges, et le revolver au poing, contraindre les dames, surtout celles qui étaient un peu soignées dans leur mise, à porter des pavés aux travailleurs.

Cependant, les troupes conduites par les généraux Ladmirault et Clinchant enveloppaient rapidement, par des mouvements admirablement combinés, ces fameuses hauteurs de Montmartre, si chères aux insurgés et qu'ils avaient armées avec tant de soin. Les troupes se concentrèrent silencieusement au bas des buttes de façon à se trouver, par leur rapprochement même, en dehors de l'action des canons. On gravit les pentes; on aborda les Batignolles du côté du cimetière, et pendant que le général Clinchant emportait les barricades de la place Moncey et de la rue Lepic, de la place Blanche et de la place Pigalle, le général Ladmirault enlevait l'avenue Trudaine et la mairie, l'une très-vivement, l'autre au contraire assez mollement défendue. A trois heures de l'après-midi, le 23 mai, le drapeau tricolore flottait glorieusement sur les buttes Montmartre.

De son côté, le général de Cissey, après s'être emparé de la gare de l'Ouest, sur le boulevard Montparnasse, avait pénétré au centre du quartier de Vaugirard, puis avait partagé ses troupes en deux colonnes : l'une, se dirigeant vers le centre de Paris, où elle devait se développer; l'autre se portant, par l'avenue du Maine, dans la direction de Montrouge. Cette seconde colonne s'élança vers la barricade des Quatre-Chemins, s'en empara après une lutte acharnée, puis, neutralisant l'entrée de la grande barricade de l'avenue d'Orléans, sur laquelle comptaient tant les fédérés, et celle de la route de Châtillon, toutes deux formidablement armées, elle prit à rebours ces obstacles abandonnés précipitamment par les insurgés, désormais impuissants à les défendre. Grâce à ce coup de main, toute la partie sud, depuis les Quatre-Chemins jusqu'aux fortifications, avec les portes d'Orléans et de Châtillon, demeura au pouvoir de l'armée.

Mais les fédérés, repoussés la veille de la gare Montparnasse avaient profité de la nuit pour armer de canons la barricade qui s'élevait dans la rue de Rennes à son point d'intersection avec les rues Cassette et du Vieux-Colombier. De cette position ils bombardaient, à la distance de huit cents mètres, le bâtiment de la gare qui s'élève en face. Six bataillons d'insurgés l'attaquèrent et le combat dura cinq heures. Mais deux détachements de chasseurs d'Afrique, s'élançant l'un à droite, l'autre à gauche de la rue de Rennes tournèrent les fédérés qui, assaillis de face et des deux côtés, battirent en retraite et se débandèrent. La barricade était abandonnée et tout ce quartier délivré de la présence des insurgés.

Pendant ce temps, la barricade de l'église de Montrouge et celle de l'avenue d'Orléans qui s'élevait en face de la rue Brézin étaient emportées après quatre heures de lutte acharnée. A la barricade de l'église, le mouvement d'attaque fut si vif, que les insurgés embusqués dans le clocher eurent à peine le temps de sonner le tocsin pour appeler du secours. Dans cette action, l'armée fit plus de quatre cents prisonniers. Les morts se comptaient par centaines. Parmi les plus enragés des défenseurs de la barricade de la rue Brézin se trouvait une jeune femme en uniforme de garde national, et dont le sexe fut découvert après sa mort.

A peu près à la même heure où le drapeau tricolore apparaissait sur les buttes Montmartre, il flottait sur la mairie de Montrouge. Le résultat des deux journées du 22 et du 23 était déjà énorme, mais que d'obstacles se dressaient encore devant l'armée libératrice !

Dans la nuit du mercredi 24 mai, il y eut d'abord un grand combat autour de la barricade de l'ancienne barrière d'Enfer, qui tomba au pouvoir de l'armée. On y installa une batterie. Les barricades du boulevard Arago, du faubourg Saint-Jacques et des environs du Panthéon furent ensuite enlevées. Sur ce dernier point, s'était concentrée la résistance des insurgés qui firent sauter la poudrière de l'École des Mines : ils auraient fait également sauter le Panthéon (car ce monument, comme bien d'autres de Paris, avait été miné) sans la présence d'esprit d'un capitaine du génie qui coupa la mèche à laquelle ils devaient mettre le feu, s'ils étaient repoussés, avant de battre en retraite. La barricade de la rue Gay-Lussac opposa une vigoureuse résistance, conduite par Raoul Rigault, le procureur de la Commune. Celui-ci, voyant la barricade enlevée, s'était dirigé vers la maison portant le numéro 29. Un caporal du 17ᵉ chasseurs l'y voyant entrer, tira sur lui un coup de carabine qui ne l'atteignit pas et se mit à le poursuivre. Rigault, qui était en uniforme de chef de bataillon, ne fit point de résistance. Le caporal lui prit son revolver encore chargé de ses six coups et le conduisit vers le Luxembourg. En passant devant la barricade gardée par les 17ᵉ, 18ᵉ chasseurs et 38ᵉ de ligne, plusieurs soldats crièrent : « A mort! fusillons-le! » Le caporal s'y opposa et voulut continuer sa route; mais alors Raoul Rigault s'écria : « Finissez-en avec moi! tuez-moi! Vive la Commune! » Le caporal, saisissant le revolver, fit feu et brûla la cervelle à son captif; qu'un sergent du 38ᵉ de ligne acheva sur-le-champ en lui déchargeant son arme dans la région du cœur. Ainsi finit Raoul Rigault.

Vers trois heures, un combat d'artillerie s'engagea entre la batterie installée, comme nous l'avons dit, sur la barricade de la barrière d'Enfer et une autre batterie établie par les insurgés à la barrière de Fontainebleau, au lieu dit la Butte-aux-Cailles. Les fédérés, furieux d'avoir perdu le quatorzième arrondissement, cherchaient à s'en venger par une tentative de bombardement, fort inexpérimentée d'ailleurs. Six mille insurgés, venus de Belleville et de la Villette, ne tardèrent pas à se joindre à eux pour reprendre aux troupes le quartier de Montrouge. Dans ce but, ils descendirent dans la vallée de la Bièvre et y prirent position. Le général de Cissey, qui avait compris de suite la gravité de cette attaque, groupa plusieurs régiments, avec des canons, autour de l'établissement de Sainte-Anne. Les fédérés avaient pris position sur la droite de la Bièvre, au-dessous de la Butte-aux-Cailles, et, protégés par les tranchées naturelles que forme en cet endroit, la vallée de la Bièvre, ils purent longtemps tenir tête à leurs adversaires. Ce combat, qui se prolongea jusqu'au lendemain, ne dura pas moins de trente heures. Ç'a été un des épisodes les plus importants de la prise de Paris et, par le fait, un de ceux dont on a le moins parlé. Il était capital cependant. Pour en finir, le général de Cissey fut obligé d'envoyer au secours des troupes engagées de ce côté trois nouveaux régiments avec une batterie de campagne. Ces régiments prirent position près du plateau de Montsouris et, en moins de deux heures, terminèrent le combat. Les fédérés furent écrasés; leurs morts remplirent les fossés de la Bièvre et une grande quantité de leurs prisonniers fut amenée à la gare de Sceaux. Désormais tout le sud de Paris était délivré de la présence des insurgés.

Au centre, sur la rive gauche, les troupes s'étaient massées aux environs des Invalides et avaient successivement enlevé les barricades qui hérissaient les rues du faubourg Saint-Germain. Après avoir franchi la rue du Bac, où la résistance avait été très-vive, elles s'étaient avancées par les rues Jacob, Taranne, du Dragon, de l'Abbaye, Gozlin, jusqu'à la place de l'Abbaye; elles avaient pris les barricades des rues de Buci et de l'École-de-Médecine, et, descendant d'un côté la rue Bonaparte, de l'autre la rue de Seine et la rue Mazarine, elles avaient pu donner la main à un détachement de marins qui avait longé les berges du fleuve et s'était emparé soudain de la barricade du quai Malaquais, à l'angle de la rue des Saints-Pères. L'Institut et la Monnaie se trouvaient sauvés. Mais, en se retirant du faubourg Saint-Germain, les hommes de la Commune y avaient laissé d'affreuses traces de leur passage : l'hôtel du quai d'Orsay, renfermant le Conseil d'État et la Cour des comptes, le palais de la Légion-d'Honneur, la Caisse des dépôts et consignations et une foule de maisons ou d'hôtels particuliers brûlaient incendiés par le pétrole. Toute la rue de Lille était, pour ainsi dire, en feu, et, comme pendant, de l'autre côté du fleuve, la rue Royale, le ministère des finances, les Tuileries, une partie du Louvre et de la rue de Rivoli, le Palais-Royal, l'Hôtel de Ville, le palais de Justice, la Préfecture de police, le Théâtre-Lyrique, le Grenier d'abondance, le théâtre de la Porte-Saint-Martin et bon nombre d'habitations privées allaient, durant cinq jours, éclairer comme de gigantesques flambeaux la scène où se déroulait le plus affreux drame que l'histoire ait jamais enregistré ; spectacle vraiment saisissant des détestables fureurs que peuvent produire des doctrines insensées, excitant des haines et des convoitises plus insensées et plus coupables encore.

On se souvint alors de cet arrêté du membre de la Commune délégué aux services publics :

12.

« Tous les dépositaires de pétrole ou autres huiles minérales devront, dans les quarante-huit heures, en faire la déclaration dans les bureaux de l'éclairage, situés place de l'Hôtel de Ville. »

Sur la rive droite de la Seine, les barricades du boulevard Malesherbes et du boulevard Haussmann, fortement canonnées par l'ennemi, avaient été abandonnées par leurs défenseurs. On reconnaissait, à l'aspect du boulevard Malesherbes, combien la lutte sur ce point avait été longue et acharnée. Les vitres brisées, les balcons frappés par les boulets, certaines maisons criblées de balles, les réverbères renversés, les arbres coupés en deux et les trottoirs couverts du feuillage arraché en passant par les obus, tel était le spectacle qu'offrait ce boulevard depuis la Madeleine jusqu'à l'église Saint-Augustin.

Au moment où les obstacles du boulevard Haussmann et du boulevard Malesherbes cédaient devant le vigoureux effort des troupes, la place de la Concorde tombait également en leur pouvoir, en dépit des deux barricades monumentales de la rue Royale et de la rue de Rivoli, soutenues par les canons de la terrasse des Tuileries. Les fusiliers marins s'étaient aussitôt emparé du ministère de la Marine qui avait, comme par miracle, été épargné par les incendiaires de la rue Royale et de la rue Boissy-d'Anglas. Le miracle, en cette circonstance, n'était du reste que l'emploi du nerf de l'intrigue et de la guerre (comme eût dit Beaumarchais) : un employé du ministère de la Marine, voyant quelques-uns des insurgés prêts à répandre le pétrole, avait eu l'excellente idée de racheter le ministère par l'offre et la remise d'une somme d'argent.

Le 91ᵉ de ligne occupait la rue Saint-Honoré ; ce fut par là que les troupes passèrent afin de tourner la fameuse barricade construite au coin de la rue de Rivoli et de la rue Saint-Florentin, barricade que nous avons mentionnée tout à l'heure et qui, durant le règne de la Commune, servait de but de promenade aux Parisiens.

Une fois ces obstacles emportés, il était difficile que la place Vendôme pût tenir longtemps. Attaquée de trois côtés à la fois : par la rue de la Paix, la rue Saint-Honoré et la rue de Rivoli, elle ne résista pas longtemps, en effet. La majeure partie de ses canons avait, du reste, été transportée à la barricade élevée en avant de la place du nouvel Opéra et qui résista si longtemps au feu d'une batterie de l'armée placée sur le boulevard Haussmann, au-dessus de Saint-Augustin et à la hauteur de la rue d'Argenson.

A la place Vendôme, on fit un grand nombre de prisonniers. C'était tout simple ; cette place était sans issue. L'état-major des insurgés s'était naturellement empressé de l'abandonner. Le génie s'occupa immédiatement d'abattre la barricade de la rue Castiglione, et des détachements de cavalerie occupèrent la place concurremment avec l'infanterie qui avait pris part aux attaques de la nuit. Des drapeaux tricolores avaient remplacé le drapeau rouge au ministère de la Justice et à l'État-Major ; ils couvraient le piédestal de la colonne abattue, sur les débris de laquelle le soldat jetait des regards de consternation et de colère.

Dès le mardi 23, la gare Saint-Lazare et le quartier de la place de l'Europe appartenaient aux troupes régulières. Le général Clinchant, après s'être emparé de l'Opéra, marcha droit aux obstacles agglomérés autour de Notre-Dame de Lorette, dans les rues de Châteaudun et des Martyrs, et il les enleva, tandis qu'un engagement, également défavorable aux insurgés, avait lieu devant l'église de la Trinité et dans la rue de la Chaussée-d'Antin ; puis les troupes, après avoir dégagé la mairie de la rue Drouot, s'avancèrent dans la rue La Fayette.

Celles qui s'étaient emparées de la place Vendôme, remontant la rue de la Paix, marchèrent sur la Bourse par la rue du Quatre-Septembre. Les habitants de ce quartier, à peu près cernés depuis le commencement de la lutte, accueillirent les soldats comme de véritables libérateurs. Bientôt les maisons furent pavoisées, les barricades détruites, les proclamations de la Commune lacérées. La garde nationale dévouée à l'ordre se réunit et vint se joindre aux troupes, qui trouvaient là un accueil aussi chaleureux qu'au faubourg Saint-Honoré et au faubourg Saint-Germain. Il faut mentionner que, dans ce dernier quartier, lors de l'entrée de l'armée de Versailles, un groupe de gardes nationaux fidèles avait bravement fait le coup de feu contre les insurgés et coopéré (quelques-uns, comme M. Durouchoux, y trouvèrent la mort) à la délivrance de la cité si indignement opprimée.

Cependant l'incendie dévorait les Tuileries et le Palais-Royal sans qu'il fût possible d'arrêter un pareil désastre. L'important était, dans tous les cas, de gagner du terrain pour arriver jusqu'au lieu du sinistre. On attaqua la barricade du Théâtre-Français par les rues Montpensier, Richelieu et Saint-Honoré. On l'emporta et on voulut alors, par la rue de Valois, essayer d'arrêter le feu qui dévorait le Palais-Royal, mais on ne pouvait approcher des Tuileries, la lutte étant fortement engagée dans la rue de Rivoli pour la prise des barricades qui, de ce côté, défendaient les approches de l'Hôtel de Ville. Les balles sifflaient et les détonations des obus qui tombaient de tous côtés se joignaient au sinistre crépitement de la flamme.

La barricade de la rue de Rivoli, construite à la hauteur de la caserne du Louvre, dut être attaquée avec une violence particulière. Il fallut, pour s'en rendre maîtres, que les soldats traversassent le Palais-Royal, pénétrassent dans la cour du Louvre et vinssent prendre en flanc les insurgés qui la défendaient. La maison qui forme le coin de la rue de Rivoli et de celle du Louvre fut complétement détruite à la suite de cette attaque.

Restaient, dans la partie centrale de Paris, deux positions capitales : l'Hôtel de Ville et le Château-d'Eau. Il s'agissait de les enlever à l'insurrection, et la tâche ne laissait pas que d'exiger de grands efforts.

Une partie de la journée et toute la nuit du mercredi 24 furent employées à cerner et à emporter l'Hôtel de Ville. On allait l'attaquer de trois côtés. Il s'agissait en effet de canonner simultanément la place du côté des quais, de celui des Halles et de celui de la rue de Rivoli.

Le général Vinoy l'aborda par la rue de Rivoli ; le général Douay qui s'était, après une lutte acharnée, emparé de ce qu'on nomme la pointe Saint-Eustache, par les rues qui débouchent des Halles centrales ; le général de Cissey, enfin, par les quais de la rive gauche qu'il avait longés jusqu'à la hauteur de Notre-Dame, après s'être emparé des barricades du pont Neuf.

Les fédérés avaient accumulé autour du palais municipal les canons et les obstacles. Ces obstacles furent péniblement franchis un à un, car la résistance fut acharnée et la lutte sanglante ; après une canonnade furieuse, les bataillons de la Commune mirent, avant de se replier, le feu à l'Hôtel de Ville, absolument comme ils avaient fait pour le palais des Tuileries. Leur résistance avait été courageuse, d'ailleurs.

On peut dire en général des défenseurs de la Commune, durant ces déplorables journées, qu'ils se conduisirent comme des bandits, mais combattirent comme des soldats.

Que n'ont-ils mis, durant le siége de Paris, le même entrain, la même ardeur à combattre les Prussiens !

Pendant toute la journée du jeudi 25, la lutte eut pour théâtre les quartiers Saint-Denis, Saint-

Martin, Rambuteau et le boulevard de Sébastopol. L'armée s'était emparée du Conservatoire des arts et métiers, qui renfermait plusieurs pièces de canon et trente-deux mitrailleuses. Elle fit encore sur ce point un grand nombre de prisonniers et emporta, en le laissant traîner dans la boue, l'immense drapeau rouge qui surmontait le bâtiment des Arts-et-Métiers. Sur tous ces points les désastres matériels étaient grands. Bien des maisons étaient incendiées et les flammes du théâtre de la Porte-Saint-Martin qui brûlait avec le restaurant Deffieux, où s'étaient accomplis, de la part des fédérés, des actes inouïs de sauvagerie, jetaient des lueurs sinistres sur l'ensemble de la scène.

Mais l'armée s'avançait toujours vers les barricades du Château-d'Eau et, sur la rive gauche, enveloppant le Jardin des plantes, elle marchait sur Bercy.

La place du Château-d'Eau, point extrêmement important pour l'insurrection puisqu'elle la mettait en rapport avec Belleville, était défendue par sept barricades correspondant avec les sept voies qui viennent y aboutir. Ce furent les corps Douay et Clinchant qui l'attaquèrent, tandis que le corps du général Vinoy opérait du côté de la Bastille. La résistance des soldats de la Commune y fut désespérée ; ils sentaient ce qu'ils allaient perdre en abandonnant cette position. Ils ne le firent que le plus tard possible, à la dernière extrémité, et tinrent longtemps dans les Magasins-Réunis, leur dernier refuge sur ce point. Lorsqu'il fallut céder (et ce ne fut que le vendredi matin), ils opérèrent leur retraite par la barricade du Faubourg-du-Temple et celle du boulevard du Prince-Eugène.

A partir du vendredi 26 mai, l'insurrection, déjà considérée comme absolument vaincue, quoique possédant encore le quartier de la Bastille, les buttes Chaumont, le Père-Lachaise, se trouvait acculée à l'est de Paris et enfermée, par les mouvements tournants de l'armée, dans un cercle dont elle ne pourrait pas sortir. Ce n'était plus qu'une question de temps, et le plan combiné entre le maréchal de Mac-Mahon et le chef du pouvoir exécutif avait reçu, grâce à l'habileté des généraux et à l'énergie des troupes, sa complète exécution.

Le jeudi soir, les fédérés, espérant ainsi ralentir sinon arrêter le mouvement de l'armée sur la Bastille, avaient incendié le Grenier d'abondance. Rien n'amoindrit l'élan des troupes, et le 27 mai, M. Thiers pouvait adresser aux autorités départementales cette dépêche qui résumait parfaitement la situation :

« Nos troupes n'ont pas cessé de suivre l'insurrection pied à pied, lui enlevant chaque jour les positions les plus importantes de la capitale et lui faisant des prisonniers qui s'élèvent jusqu'à vingt-cinq mille, sans compter un nombre considérable de morts et de blessés. Dans cette marche sagement calculée, nos généraux et leur illustre chef ont voulu ménager nos braves soldats, qui n'auraient demandé qu'à enlever au pas de course les obstacles qui leur étaient opposés.

« Tandis qu'au dehors de l'enceinte notre principal officier de cavalerie, le général du Barail, prenait, avec des troupes à cheval, les forts de Montrouge, de Bicêtre, d'Ivry, et qu'au dedans le corps de Cissey exécutait les belles opérations qui nous ont procuré toute la rive gauche, le général Vinoy, suivant le cours de la Seine, s'est porté vers la place de la Bastille, hérissée de retranchements formidables, a enlevé cette position avec la division Vergé, puis, avec les divisions Bruat et Faron, s'est emparé du faubourg Saint-Antoine jusqu'à la place du Trône. Il ne faut pas oublier dans cette opération le concours efficace et brillant que notre flottille a donné aux troupes du général Vinoy. Ces troupes ont aujourd'hui même enlevé une forte barricade au coin de l'avenue

Philippe-Auguste et de la rue de Montreuil. Elles ont ainsi pris position à l'est et au pied des hauteurs de Belleville, dernier asile de cette insurrection qui, en fuyant, tire de sa défaite la monstrueuse vengeance de l'incendie.

« Au centre, en tournant vers l'est, le corps de Douay a suivi la ligne des boulevards, appuyant sa droite à la place de la Bastille et sa gauche au Cirque-Napoléon. Le corps Clinchant, venant se rallier à l'ouest au corps de Ladmirault, a eu à vaincre, aux Magasins-Réunis, une violente résistance qu'il a vaillamment surmontée. Enfin le corps du général Ladmirault, après avoir enlevé avec vigueur les gares du Nord et de l'Est, s'est porté à la Villette et a pris position au pied des buttes Chaumont.

Ainsi les deux tiers de l'armée, après avoir conquis successivement toute la rive droite, sont venus se ranger au pied des hauteurs de Belleville, qu'ils doivent attaquer demain matin. Pendant ces six jours de combats continus, nos soldats se sont montrés aussi énergiques qu'infatigables, et ont opéré de véritables prodiges bien autrement méritoires de la part de ceux qui attaquent des barricades que de ceux qui les défendent. Leurs chefs se sont montrés dignes de commander de tels hommes, et ont pleinement justifié le vote que l'Assemblée leur a décerné.

« Après les quelques heures de repos qu'ils prennent en ce moment, ils termineront demain matin, sur les hauteurs de Belleville, la glorieuse campagne qu'ils ont entreprise contre les démagogues les plus odieux et les plus scélérats que le monde ait vus, et leurs patriotiques efforts mériteront l'éternelle reconnaissance de la France et de l'humanité. »

Et, pendant ce temps, que faisaient les membres de la Commune?

Dès le lundi matin, cédant à l'évidence des événements, ils avaient décidé qu'ils se mettraient immédiatement à la tête de leurs arrondissements respectifs et de leurs légions. Mais il est curieux de constater que, six heures après l'entrée des troupes dans Paris, le délégué civil à la guerre, Delescluze, ne craignait pas de démentir le danger couru par la Commune dans la proclamation suivante, document qui a été peu connu : « L'observatoire de l'Arc-de-Triomphe nie l'entrée des Versaillais; du moins il ne voit rien qui y ressemble. Le commandant Renard, de la section, vient de quitter mon cabinet et affirme qu'il n'y a eu qu'une panique et que la porte d'Auteuil n'a pas été forcée ; que, si quelques Versaillais se sont présentés, ils ont été repoussés. J'ai envoyé chercher onze bataillons de renfort par autant d'officiers d'état-major qui ne doivent les quitter qu'après les avoir conduits au poste qu'ils doivent occuper. » On sait ce qui était arrivé en dépit des onze bataillons et des onze chefs d'état-major.

Le Comité de salut public lui-même, qui avait déjà remis ses pouvoirs au Comité central de la garde nationale, se dispersa également. Mais ce qu'il y eut de déplorable, c'est qu'au moment où la vie l'abandonnait, la Commune trouva encore le temps de donner des ordres impitoyables non-seulement relativement aux incendies, mais aussi pour l'exécution des otages.

Le 25 mai, à quatre heures et demie, les pères dominicains qui, dans le principe, avaient été jetés dans une casemate du fort de Bicêtre, puis, lors de de l'évacuation de ce fort par les fédérés, contraints de les suivre, et tombés entre les mains du citoyen Cérisier, chef du 101ᵉ bataillon, avaient été enfermés à la prison disciplinaire du secteur, avenue d'Italie, 38, les pères dominicains, disons-nous, reçurent l'ordre de se préparer à quitter cette prison. Entourés par les gardes nationaux du 101ᵉ, qui chargeaient leurs fusils en leur présence, ils comprirent qu'ils étaient perdus. « Sortez un à un dans la rue! » leur cria le chef du détachement. Ils obéirent avec douceur mais avec fermeté, et l'on entendit le père prieur dire : « Allons, mes amis, c'est pour le bon Dieu ! » Des détonations successives annoncèrent le sort de ces malheureux. Le lendemain, les troupes étant survenues, douze corps étaient transportés dans la soirée à l'école d'Albert-le-Grand ; sombre épisode de ces terribles journées !

Le ciel, comme on l'a dit, semblait lui-même avoir horreur du sang si largement répandu. Une pluie fine et pénétrante commença à tomber le vendredi 26, et continua pendant la journée et une partie de la nuit suivantes. Cette pluie providentielle fit plus que de laver les pavés sanglants; elle contribua à éteindre ces incendies allumés par l'insurrection furieuse. On a trouvé sur des fédérés tués aux barricades[1], et on a saisi dans les perquisitions faites après la chute de la Commune, beaucoup d'ordres aussi formels que laconiques, ne laissant aucun doute sur les terribles intentions des hommes de l'Hôtel de Ville, relativement à la destruction par le feu de la malheureuse cité

[1] Voir les derniers nos des Notes et Pièces justificatives.

qu'ils avaient condamnée d'avance, en cas de défaite, à un complet anéantissement [1]. Si l'armée avait retardé de quelques jours son entrée, Paris eût très-certainement subi le sort de Rome sous Néron.

On a su depuis le renversement du tyrannique pouvoir de l'Internationale, que c'étaient les francs-tireurs de la Commune, portant l'uniforme de chasseurs à pied, qui étaient spécialement chargés de surveiller les incendiaires, pris pour la plupart dans l'ancien personnel des condamnés relâchés et embrigadés par Raoul Rigault, et d'activer l'exécution des ordres transmis par le comité de salut public. Campés à la place Vendôme, ces francs-tireurs occupèrent d'abord les Tuileries dans la soirée du 23; leur œuvre infernale accomplie, ils se replièrent sur l'Hôtel-de-Ville, où les accompagna Bergeret qui, après avoir quitté le Corps législatif, avait fait du Louvre son quartier général, d'où il transmettait ses ordres aux incendiaires, hommes et femmes, chargés de mettre le feu à cette partie de Paris.

[1] Nous avons entendu nous-même le citoyen Cavalier, dit *Pipe-en-bois*, déclarer hautement au Grand-Café que si la victoire ne restait pas à la Commune, celle-ci donnerait au monde l'effrayant spectacle de la destruction totale de Paris.

Si le ciel, comme nous le disions tout à l'heure, envoyait à Paris sa pluie bienfaisante, un autre secours arrivait en même temps à cette ville si éprouvée, secours précieux et d'une saisissante opportunité : appelés par le gouvernement, ou cédant à un mouvement spontané de générosité intelligente, les pompiers d'un grand nombre de villes de France étaient accourus avec tout leur matériel et s'étaient mis, dès leur arrivée, à la rude besogne dont ils allaient si noblement rechercher les dangers. Londres, Anvers, Bruxelles, n'avaient pas hésité non plus à envoyer leurs habiles sauveteurs à ce grand rendez-vous de la véritable fraternité, contraste bien frappant avec l'odieuse perfidie de ces faux pompiers soldés par la Commune pour activer, grâce au pétrole, et propager l'incendie avec les engins destinés à l'éteindre.

Cependant la lutte armée touchait à son terme, et tout faisait prévoir que le triomphe définitif de l'armée régulière ne se ferait pas attendre.

Le vendredi soir, les insurgés mettaient le feu aux docks de la Villette, comme ils avaient incendié le Grenier d'abondance. C'était la même tactique, et elle ne devait pas obtenir un résultat meilleur. Le général Ladmirault opérait sur la Villette un mouvement analogue à celui que le général Vinoy exécutait sur Charonne. Les positions des insurgés étaient précédemment : la petite Villette, les buttes Chaumont, Belleville, Ménilmontant et le cimetière du Père-Lachaise. Le cercle de ces positions allait se restreindre encore. Comme on l'a déjà dit, Vinoy et Ladmirault se donnaient la main au pied des hauteurs qu'il s'agissait de franchir. Pendant toute la journée du samedi 27, les batteries de Montmartre, tirant à coups pressés, écrasèrent de leurs projectiles Belleville, les buttes Chaumont et le Père-Lachaise, où les fédérés avaient également mis en ligne un assez grand nombre de canons. Dans la soirée, le général Ladmirault franchit le bassin de la Villette, l'abattoir, le marché aux bestiaux, et gravit les buttes Chaumont, ainsi que les hauteurs de Belleville. Là le colonel Davout, duc d'Auerstdæt, qui, comme nous l'avons vu précédemment, s'était fort distingué à la prise du château de Bécon, enleva très-brillamment une série de barricades. Au point du jour, le corps d'armée de Ladmirault couronnait les buttes.

Agissant de son côté et partant du boulevard Richard-Lenoir, le général Douay abordait par le centre les positions de Belleville, et pendant ce temps, le général Vinoy, qui avait gravi les hau-

13.

teurs du cimetière du Père-Lachaise, s'emparait de ce dernier repaire des insurgés, puis enlevait la mairie du vingtième arrondissement et la prison de la Roquette. Dans ces différentes affaires, le corps des fusiliers-marins avait montré une remarquable intrépidité.

Ce fut le dimanche 28, à cinq heures du matin, que la barricade élevée en face de la Roquette fut prise par les marins. A l'intérieur de la prison, les malheureux otages vivant encore attendaient avec une vive anxiété l'heure de la délivrance. Ils étaient alors au nombre de cent soixante-neuf, tant ecclésiastiques que soldats et sergents de ville. Soixante-quatre avaient été fusillés, savoir : six dans la soirée du mercredi 26, parmi lesquels se trouvaient l'archevêque de Paris, le président Bonjean et le curé de la Madeleine ; cinquante-quatre dans la nuit du 26 au 27, et quatre le samedi 27.

On dit que lorsqu'on a retrouvé dans la fosse commune, au Père-Lachaise, et à peine recouverts de terre, les corps des six premières victimes, on a constaté qu'indépendamment des trois coups de feu qui avaient frappé la poitrine de l'archevêque, le pouce et l'index de sa main droite avaient été broyés ; c'est qu'en mourant il avait très-probablement voulu bénir ses bourreaux.

Le dimanche 28 mai, dernier jour de cette gigantesque lutte, le terrain encore occupé par les insurgés se trouvait limité par la rue des Amandiers, les boulevards de Charonne, de Belleville et le canal. Désormais, comme l'a dit M. Thiers, ils n'avaient plus qu'à mourir ou à se rendre. Dombrowski, Cluseret, La Cécilia, étaient tombés ou avaient disparu dans la tourmente et ne pouvaient plus les guider. Delescluze, le dernier délégué à la guerre, avait été reconnu parmi les morts. Grâce à des mouvements habilement combinés, on parvint à les diviser en plusieurs bandes. Un moment ils voulurent, pour se dégager, tenter un mouvement offensif du côté du boulevard du Temple; vain espoir! les canons du Château-d'Eau et une batterie installée au sommet de la rue d'Angoulême, les contraignirent à s'arrêter. Manquant de projectiles, les derniers coups de canon qu'ils tirèrent furent chargés avec des morceaux de bitume et des fragments de pavés. Bientôt même les canons vinrent aussi à leur manquer. Vers deux heures, ils arborèrent sur leurs dernières barricades le drapeau parlementaire. Ils réclamaient deux jours de trêve pour relever leurs blessés et enterrer leurs morts; on refusa. Ils demandèrent vingt-quatre heures pour réfléchir, on repoussa naturellement cette naïve exigence. Alors beaucoup d'entre eux brisèrent leurs armes; les autres, après une résistance désespérée, tombèrent sous les coups des soldats vainqueurs. A quatre heures tout était fini.

La proclamation du maréchal de Mac-Mahon, dans son sobre et viril langage, annonça bientôt cette solution si ardemment attendue. « Habitants de Paris, disait le maréchal, l'armée de la France est venue vous sauver, Paris est délivré. Nos soldats ont enlevé à quatre heures les dernières positions occupées par les insurgés. Aujourd'hui la lutte est terminée; l'ordre, le travail et la sécurité vont renaître. »

C'était le dernier mot du terrible drame. On ne pouvait rien dire ni de plus ni de mieux.

Nous avons voulu grouper avec exactitude, peindre à grands traits les événements si singulièrement émouvants auxquels, bien placé pour voir et pour connaître, nous venons d'assister. Peu d'époques historiques présentent un tableau semblable; peu d'études offrent un intérêt pareil au philosophe, à l'observateur; car, après tout, ce n'est pas seulement la partie de la France qui s'est jouée sur ce brûlant terrain, c'est celle de la civilisation, de l'humanité. Pauvre France, autrefois si puissante et si prospère, compromise aujourd'hui par une série de fautes accumulées, on ne peut te considérer sans tristesse! A quels moyens auras-tu donc recours pour retremper ton existence politique et sociale, et les hommes qui doivent te rendre ton ancienne grandeur appartiennent-ils à notre génération? Hélas! on peut encore appliquer à notre pays ces paroles de Tacite : « *Validiores olim Gallorum res fuisse divus Julius tradit.* »

Dans un récent manifeste, l'Internationale, à qui nous devons en grande partie nos derniers malheurs, a dit : « L'incendie de Paris, nous en acceptons la responsabilité! la vieille société doit périr, elle périra! »

L'Internationale se trompe : il y a dans le monde moral comme dans le monde physique des lois qu'il est impossible de renverser. Vous ne pouvez pas changer le cours des astres, modifier celui des saisons, arrêter le mouvement de la terre. Eh bien, nous vous défions de supprimer, avec succès, d'une façon durable, l'individualité humaine, la famille et la propriété personnelle de la terre ou du capital. Il y a, sachez-le bien, des choses auxquelles on touche, qu'on peut ébranler, mais qu'on ne détruira jamais!

NOTES

ET

PIÈCES JUSTIFICATIVES

NOTES ET PIÈCES JUSTIFICATIVES

N° 1.

Le bureau du Comité central de l'*Internationale* se compose d'un secrétaire général et de quinze membres.
L'Internationale n'admet pas de président.
Chaque pays compose une branche de l'association.
Chaque branche est divisée en sections.
Chaque centre important est lui-même divisé en plusieurs sections avec un bureau central.
Chaque semaine, chaque bureau central envoie au bureau central de Londres :

1° Un rapport détaillé sur les faits politiques et commerciaux de l'endroit ;

2° Un état numérique des affiliés ;

3° Un état des ressources monétaires de la localité ;

4° Un état nominatif des principaux propriétaires et rentiers ;

5° Un état nominatif des principaux commerçants ;

6° Un compte rendu des séances.

Dix centimes par semaine sont payés par les adhérents[1].

---

[1] Voir le programme ci-après.

ANNEXE AU N° 1

LE PROGRAMME DE L'INTERNATIONALE

M. Jules Favre a parlé dans sa circulaire du programme de l'internationale. Le voici tel qu'il fut formulé dans une petite brochure publiée à Londres en 1867, sous ce titre : *le Droit des Travailleurs*.

« Chaque homme a droit à l'existence, et par là droit au travail.

Le droit au travail est imprescriptible, et par cela même doit être accompagné du droit à l'instruction et à la liberté d'action.

Telle qu'elle est, la société ne peut offrir aucune garantie réelle au travailleur.

En effet, devant lui se dresse un premier obstacle : le capital.

De quelque façon que le travailleur s'y prenne, il ne peut lutter contre cette force inerte, l'argent doublé et appuyé d'une force intelligente, le capitaliste.

Pour résoudre le problème, les uns ont essayé de l'association, les autres du mutualisme.

Ils croyaient résoudre, ils n'ont fait qu'embrouiller la question.

Ils ne s'apercevaient pas que tant que le capital resterait intact, les bras ne suffiraient pas pour s'associer, qu'il fallait un capital, et un capital d'autant plus important que les capitalistes s'opposeraient de toute leur force à la révolte du travail contre leur tyrannie.

Par ce seul fait, l'association ouvrière se trouve jugée.

Par le mutualisme, l'ouvrier, ou pour mieux dire le travailleur, reste plus que jamais sous la domination de l'argent.

De ce côté encore point d'issue.

Mais ce n'est pas seulement le capital qui enchaîne le travailleur.

Emmaillotté dès sa naissance dans les triples langes de la famille, la patrie, la religion, bercé dans le respect de la propriété quelle qu'elle soit, le prolétaire ne peut devenir quelque chose qu'à la condition d'anéantir tout cela et de rejeter bien loin de lui ces vieilles défroques de la barbarie paternelle. (Séculaire probablement.)

L'Association internationale n'a et ne peut avoir d'autre but que d'aider à l'extinction de tous ces monstrueux préjugés.

Elle doit, en donnant aux travailleurs de tous les pays un lien commun, un centre d'action, une direction énergique, leur montrer ce qu'ils peuvent.

Seule elle a assez de pouvoir pour leur apprendre à agir avec ensemble; seule aussi elle a le pouvoir et le droit de discipliner les masses pour les lancer sur leurs oppresseurs, qui tomberont écrasés sous le choc.

Pour cela son programme doit être :

    L'abolition de toutes les religions,
    —   de la propriété,
    —   de la famille,
    —   de l'hérédité,
    —   de la nation.

Lorsque la Société Internationale des travailleurs aura éteint chez tous les travailleurs le germe de ces préjugés, le capital sera mort.

Alors la société sera fondée sur des bases indestructibles.

Alors le travailleur aura réellement droit au travail; alors la femme sera libre; l'enfant aura réellement droit de vivre sous l'égide de la société qui ne sera plus marâtre.

Mais que l'on ne s'abuse pas, que les rêveurs ne cherchent pas de système pour arriver à une solution que la force seule peut donner.

La force, voilà ce qui donnera aux travailleurs le sceptre du monde; hors de là, rien ne peut les tirer de l'ornière de la routine et de la civilisation moderne.

Lorsque deux puissances contraires sont vis-à-vis l'une de l'autre, il faut sous peine de se neutraliser que l'une des deux soit anéantie.

Aux armes, travailleurs, le progrès et l'humanité comptent sur vous.

Edwards Sunnee,
Secrétaire de l'Internationale. »

N° 2.

FÉDÉRATION DE LA GARDE NATIONALE

ORGANE DU COMITÉ CENTRAL

Si le Comité central de la garde nationale était un gouvernement, il pourrait, pour la dignité de ses électeurs, dédaigner de se justifier. Mais comme sa première affirmation a été de déclarer « qu'il ne prétendait pas prendre la place de ceux que le souffle populaire avait renversés, » tenant à simple honnêteté de rester exactement dans la limite expresse du mandat qui lui a été confié, il demeure un composé de personnalités qui ont le droit de se défendre.

Enfant de la République qui écrit sur sa devise le grand mot de « Fraternité, » il pardonne à ses détracteurs ; mais il veut persuader les honnêtes gens qui ont accepté la calomnie par ignorance.

Il n'a pas été occulte : ses membres ont mis leurs noms à toutes ses affiches. Si ces noms étaient obscurs, ils n'ont pas fui la responsabilité, — et elle était grande.

Il n'a pas été inconnu, car il était issu de la libre expression des suffrages de deux cent quinze bataillons de la garde nationale.

Il n'a pas été fauteur de désordres, car la garde nationale, qui lui a fait l'honneur d'accepter sa direction, n'a commis ni excès ni représailles et s'est montrée imposante et forte par la sagesse et la modération de sa conduite.

Et pourtant, les provocations n'ont pas manqué ; et pourtant, le gouvernement n'a cessé, par les moyens les plus honteux, de tenter l'essai du plus épouvantable des crimes : la guerre civile.

Il a calomnié Paris et a ameuté contre lui la province.

Il a amené contre nous nos frères de l'armée qu'il a fait mourir de froid sur nos places, tandis que leurs foyers les attendaient.

Il a voulu vous imposer un général en chef.

Il a, par des tentatives nocturnes, tenté de nous désarmer de nos canons, après avoir été empêché par nous de les livrer aux Prussiens.

Il a enfin, avec le concours de ses complices de Bordeaux, dit à Paris : « Tu viens de te montrer héroïque ; or, nous avons peur de toi, donc nous t'arrachons ta couronne de capitale. »

Qu'a fait le Comité central pour répondre à ces attaques ? Il a fondé la Fédération ; il a prêché la modération — disons le mot — la générosité ; au moment où l'attaque armée commençait, il disait à tous : « Jamais d'agression, et ne ripostez qu'à la dernière extrémité ! »

Il a appelé à lui toutes les intelligences, toutes les capacités ; il a demandé le concours du corps d'officiers ; il a ouvert sa porte chaque fois que l'on y frappait au nom de la République.

De quel côté étaient donc le droit et la justice ? De quel côté était la mauvaise foi ?

Cette histoire est trop courte et trop près de nous, pour que chacun ne l'ait pas encore à la mémoire. Si nous l'écrivons à la veille du jour où nous allons nous retirer, c'est, nous le répétons, pour les honnêtes gens qui ont accepté légèrement des calomnies dignes seulement de ceux qui les avaient lancées.

Un des plus grands sujets de colère de ces derniers contre nous est l'obscurité de nos noms. Hélas! bien des noms étaient connus, très-connus, et cette notoriété nous a été bien fatale!

Voulez-vous connaître un des derniers moyens qu'ils ont employés contre nous? Ils refusent du pain aux troupes qui ont mieux aimé se laisser désarmer que de tirer sur le peuple. Et ils nous appellent des assassins, eux qui punissent le refus d'assassinat par la faim!

D'abord, nous le disons avec indignation : la boue sanglante dont on essaye de flétrir notre honneur est une ignoble infamie. Jamais un arrêt d'exécution n'a été signé par nous; jamais la garde nationale n'a pris part à l'exécution d'un crime.

Quel intérêt y aurait-elle? Quel intérêt y aurions-nous? C'est aussi absurde qu'infâme.

Au surplus, il est presque honteux de nous défendre. Notre conduite montre, en définitive, ce que nous sommes. Avons-nous brigué des traitements ou des honneurs? Si nous sommes inconnus, ayant pu obtenir, comme nous l'avons fait, la confiance de deux cent quinze bataillons, n'est-ce pas parce que nous avons dédaigné de nous faire une propagande? La notoriété s'obtient à bon marché : quelques phrases creuses ou un peu de lâcheté suffit; un passé tout récent l'a prouvé.

Nous, chargés d'un mandat qui faisait peser sur nos têtes une terrible responsabilité, nous l'avons accompli sans hésitation, sans peur, et dès que nous voici arrivés au but, nous disons au peuple qui nous a assez estimés pour écouter nos avis, qui ont souvent froissé son impatience : « Voici le mandat que tu nous as confié : là où notre intérêt personnel commencerait, notre devoir finit; fais ta volonté. Mon maître, tu t'es fait libre. Obscurs il y a quelques jours, nous allons rentrer obscurs dans tes rangs, et montrer aux gouvernants que l'on peut descendre, la tête haute, les marches de ton Hôtel de Ville, avec la certitude de trouver au bas l'étreinte de ta loyale et robuste main.

Les membres du Comité central :

> Ant. Arnaud, Assi, Billioray, Ferrat, Babick, Ed. Moreau, C. Dupont, Varlin, Boursier, Mortier, Gouhier, Lavalette, Fr. Jourde, Rousseau, Ch. Lullier, Henry Fortuné, G. Arnold, Viard, Blanchet, J. Grollard, Barroud, H. Géresme, Fabre, Pougeret, Bouit.

N 3

COMMUNE DE PARIS.

Citoyens,

Votre Commune est constituée.

Le vote du 26 mars a sanctionné la Révolution victorieuse.

Un pouvoir lâchement agresseur vous avait pris à la gorge : vous avez, dans votre légitime défense, repoussé de vos murs ce gouvernement qui voulait vous déshonorer en vous imposant un roi.

Aujourd'hui les criminels, que vous n'avez même pas voulu poursuivre, abusent de votre magnanimité pour organiser aux portes mêmes de la cité un foyer de conspiration monarchique. Ils invoquent la guerre civile ; ils mettent en œuvre toutes les corruptions ; ils acceptent toutes les complicités, ils ont osé mendier jusqu'à l'appui de l'étranger.

Nous en appelons, de ces menées exécrables, au jugement de la France et du monde.

Citoyens,

Vous venez de vous donner des institutions qui défient toutes les tentatives.

Vous êtes maîtres de vos destinées. Forte de votre appui, la représentation que vous venez d'établir va réparer les désastres causés par le pouvoir déchu : l'industrie compromise, le travail suspendu, les transactions commerciales paralysées vont recevoir une impulsion vigoureuse.

Dès aujourd'hui, la décision attendue sur les loyers ;

Demain celle des échéances ;

Tous les services publics rétablis et simplifiés ;

La garde nationale, désormais seule force armée de la cité, réorganisée sans délai ;

Tels seront nos premiers actes.

Les élus du peuple ne lui demandent, pour assurer le triomphe de la République, que de les soutenir de leur confiance.

Hôtel de Ville, 29 mars 1871.

La Commune de Paris.

N° 4.

ORGANISATION DES COMMISSIONS

COMMISSION EXÉCUTIVE.

Les citoyens : Eudes, Tridon, Vaillant, Lefrançais, Duval, Félix Pyat, Bergeret.

COMMISSION DES FINANCES.

Les citoyens : Victor Clément, Varlin, Jourde, Beslay, Régère.

COMMISSION MILITAIRE.

Les citoyens : Pindy, Eudes, Bergeret, Duval, Chardon, Flourens, Ranvier.

COMMISSION DE LA JUSTICE.

Les citoyens : Ranc, Protot, Léo Meillet, Vermorel, Ledroit, Babick.

COMMISSION DE SURETÉ GÉNÉRALE.

Les citoyens : Raoul Rigault, Ferré, Assi, Cournet, Oudet, Chalain, Gérardin.

COMMISSION DES SUBSISTANCES.

Les citoyens : Dereure, Champy, Ostyn, Clément, Parisel, Émile Clément, Fortuné Henry.

COMMISSION DU TRAVAIL. — INDUSTRIE ET ÉCHANGE.

Les citoyens : Malon, Frankel, Theisz, Dupont, Avrial, Loiseau-Pinson, Eug. Gérardin, Puget.

COMMISSION DES RELATIONS EXTÉRIEURES.

Les citoyens : Delescluze, Ranc, Paschal Grousset, Ulysse Parent, Arthur Arnould, Ant. Arnauld, Ch. Girardin.

COMMISSION DES SERVICES PUBLICS.

Les citoyens : Ostyn, Billioray, Clément (J.-B.), Mardelet, Mortier, Rastoul.

COMMISSION DE L'ENSEIGNEMENT.

Les citoyens : Jules Vallès, docteur Goupil, Lefèvre Urbain, Albert Leroy, Verdure, Demay, docteur Robinet.

N° 5.

COMMUNE DE PARIS

A LA GARDE NATIONALE DE PARIS

Les conspirateurs royalistes ont ATTAQUÉ.

Malgré la modération de notre attitude, ils ont ATTAQUÉ.

Ne pouvant plus compter sur l'armée française, ils ont ATTAQUÉ avec les zouaves pontificaux et la police impériale.

Non contents de couper les correspondances avec les provinces, et de faire de vains efforts pour nous vaincre par la famine, ces furieux ont voulu imiter jusqu'au bout les Prussiens et bombarder la capitale.

Ce matin, les Chouans de Charette, les Vendéens de Cathelineau, les Bretons de Trochu, flanqués des gendarmes de Valentin, ont couvert de mitraille et d'obus le village inoffensif de Neuilly et engagé la guerre civile avec nos gardes nationaux.

Il y a eu des morts et des blessés.

Élus de la population de Paris, notre devoir est de défendre la grande cité contre les coupables agresseurs. Avec votre aide, nous la défendrons.

Paris, 2 avril 1871.

La Commission exécutive :

Bergeret, Eudes, Duval, Lefrançais, Félix Pyat, Tridon, Vaillant.

N° 6.

LETTRE DE GARIBALDI

C prera, 28 mars 1871.

Citoyens,

Merci pour l'honneur de ma nomination au commandement de la garde nationale de Paris, que j'aime et dont je serais bien fier de partager la gloire et les dangers.

Je vous dois cependant les considérations suivantes :

Un commandant de la garde nationale de Paris, un commandant de l'armée de Paris et un comité directeur, quels qu'ils soient, sont trois pouvoirs qui ne pourront se concilier dans la situation présente de la France.

Le despotisme a l'avantage sur nous de la concentration du pouvoir, et c'est cette concentration que vous devez opposer à vos ennemis.

Choisissez un citoyen honnête, et vous n'en manquez pas : Victor Hugo, Louis Blanc, Félix Pyat, ainsi que Edgar Quinet et les autres doyens de la démocratie radicale peuvent vous servir. Les généraux Cremer et Billaut, qui, je vois, ont votre confiance, peuvent compter dans le nombre.

Rappelez-vous bien cependant qu'un seul honnête homme doit être chargé du poste suprême, avec des pleins pouvoirs.

Cet homme choisira d'autres honnêtes gens pour l'aider dans la rude besogne de sauver le pays. Et si vous avez le bonheur de trouver un Washington, la France se relèvera de son naufrage dans peu de temps, plus grande que jamais.

Ces conditions ne sont pas une excuse pour me soustraire au devoir de servir la France républicaine. Non, je ne désespère point de combattre moi-même à côté de ses braves, et je suis

Votre dévoué,

G. GARIBALDI.

N° 7.

COMMUNE DE PARIS

AUX CITOYENS BERGERET, EUDES ET DUVAL

Citoyens,

Nous avons l'honneur de vous prévenir qu'afin de vous laisser toute liberté pour la conduite des opérations militaires qui vous sont confiées, la Commune vient d'attribuer au général Cluseret la direction de l'administration de la guerre.

L'Assemblée a estimé que, dans les graves circonstances où nous sommes, il importait d'établir l'unité dans les services administratifs de la guerre.

La Commune a également jugé indispensable de vous remplacer provisoirement à la Commission exécutive dont votre situation militaire ne vous permet plus de partager les travaux.

Nous n'avons pas besoin d'ajouter qu'en prenant cette double décision, la Commune est aussi éloignée de vous désobliger, que d'affaiblir l'intérêt de votre situation comme chefs de corps. Vous n'y verrez que les conséquences des nécessités du moment.

Salut et fraternité.

Paris, le 3 avril 1871.

Les membres de la Commission exécutive :

CH. DELESCLUZE, FÉLIX PYAT.

N° 8.

COMMUNE DE PARIS

PROCLAMATION AU PEUPLE DE PARIS

Citoyens,

Les monarchistes qui siégent à Versailles ne vous font pas une guerre d'hommes civilisés ; ils vous font une guerre de sauvages.

Les Vendéens de Charette, les agents de Pietri *fusillent les prisonniers, égorgent les blessés, tirent sur les ambulances !*

Vingt fois les misérables qui déshonorent l'uniforme de la ligne ont levé la crosse en l'air, puis, traîtreusement, ont fait feu sur nos braves et confiants concitoyens.

Ces trahisons et ces atrocités ne donneront pas la victoire aux éternels ennemis de nos droits.

Nous en avons pour garants l'énergie, le courage et le dévouement à la République de la garde nationale.

Son héroïsme et sa constance sont admirables.

Ses artilleurs ont pointé leurs pièces avec une justesse et une précision merveilleuses.

Leur tir a plusieurs fois éteint le feu de l'ennemi, qui a dû laisser une mitrailleuse entre nos mains.

Citoyens,

La Commune de Paris ne doute pas de la victoire.

Des résolutions énergiques sont prises.

Les services, momentanément désorganisés par la défection et la trahison, sont dès maintenant réorganisés.

Les heures sont utilement employées pour votre triomphe prochain.

La Commune compte sur vous, comme vous pouvez compter sur elle.

Bientôt il ne restera plus aux royalistes de Versailles que la honte de leurs crimes.

A vous, citoyens, il restera toujours l'éternel honneur d'avoir sauvé la France et la République.

Gardes nationaux,

La Commune de Paris vous félicite et déclare que vous avez bien mérité de la République.

Paris, 4 avril 1871.

La Commission exécutive :

BERGERET, DELESCLUZE, DUVAL, EUDES,
FÉLIX PYAT, G. TRIDON, E. VAILLANT.

N° 9.

COMMUNE DE PARIS

La Commune de Paris,

Considérant que les hommes du gouvernement de Versailles ont ordonné et commencé la guerre civile, attaqué Paris, tué et blessé des gardes nationaux, des soldats de la ligne, des femmes et des enfants ;

Considérant que ce crime a été commis avec préméditation et guet-apens contre tout droit et sans provocation,

Décrète :

Article premier. MM. Thiers, Favre, Picard, Dufaure, Simon et Pothuau sont mis en accusation.

Art. 2. Leurs biens seront saisis et mis sous séquestre, jusqu'à ce qu'ils aient comparu devant la justice du peuple.

Les délégués de la justice et de la sûreté générale sont chargés de l'exécution du présent décret.

La Commune de Paris.

N° 10.

COMMUNE DE PARIS

La Commune de Paris,

Considérant que le gouvernement de Versailles foule ouvertement aux pieds les droits de l'humanité comme ceux de la guerre; qu'il s'est rendu coupable d'horreurs dont ne se sont même pas souillés les envahisseurs du sol français;

Considérant que les représentants de la Commune de Paris ont le devoir impérieux de défendre l'honneur et la vie des deux millions d'habitants qui ont remis entre leurs mains le soin de leurs destinées; qu'il importe de prendre sur l'heure toutes les mesures nécessitées par la situation;

Considérant que des hommes politiques et des magistrats de la cité doivent concilier le salut commun avec le respect des libertés publiques;

Décrète :

Article premier. Toute personne prévenue de complicité avec le gouvernement de Versailles sera immédiatement décrétée d'accusation et incarcérée.

Art. 2. Un jury d'accusation sera institué dans les vingt-quatre heures pour connaître des crimes qui lui seront déférés.

Art. 3. Le jury statuera dans les quarante-huit heures.

Art. 4. Tous accusés retenus par le verdict du jury d'accusation seront les otages du peuple de Paris.

Art. 5. Toute exécution d'un prisonnier de guerre ou d'un partisan du gouvernement régulier de la Commune de Paris sera, sur-le-champ, suivie de l'exécution d'un nombre triple des otages retenus en vertu de l'article 4, et qui seront désignés par le sort.

Art. 6. Tout prisonnier de guerre sera traduit devant le jury d'accusation, qui décidera s'il sera immédiatement remis en liberté ou retenu comme otage.

N° 11.

COMMUNE DE PARIS

RELATIONS EXTÉRIEURES. — DÉLÉGATIONS

LIBERTÉ, ÉGALITÉ, FRATERNITÉ

PROCÈS-VERBAL

Cejourd'hui, huit avril mil huit cent soixante-onze, les citoyens Perrichon et Mailhe, délégués du ministère des finances, ont reçu livraison des articles d'argenterie ci-dessous qui leur ont été remis par le citoyen Dolbec, argentier, en présence du citoyen Poitevin, inspecteur du matériel, et du citoyen Neumayer, commis principal, tous trois appartenant au ministère des affaires étrangères, sous les ordres du citoyen Paschal Grousset, membre de la Commune, délégué aux relations extérieures.

ARGENTERIE GRAVÉE AUX ARMES DE L'EX-EMPEREUR.

N° 962, suit le détail, au total 1,303 pièces avec accessoires.

VERMEIL.

N° 963, suit le détail, au total 568 pièces.

UN THÉ COMPLET.

Suit le détail, au total 9 pièces.

ONT SIGNÉ :

Le délégué de la Commune omis sur le procès-verbal,
VIARD.

Le délégué aux relations extérieures,
PASCHAL GROUSSET.

Les délégués des finances,
A. PERRICHON, MAILHE.

Les représentants au ministère des affaires étrangères,
POITEVIN, NEUMAYER.

N° 12.

RAPPORT DU DÉLÉGUÉ A LA GUERRE

AUX MEMBRES DE LA COMMISSION EXÉCUTIVE

Citoyens,

Depuis mon entrée en fonctions, j'ai cherché à me rendre un compte exact de la situation militaire, tant au point de vue de ce qui motive une agression que rien ne justifie qu'à celui de ses résultats.

Le motif paraît être, en première ligne, d'effrayer la population, en second lieu de nous faire dépenser en pure perte nos munitions, enfin de masquer un mouvement sur notre droite pour occuper les forts de la rive droite.

Jusqu'à ce jour, l'espoir coupable de l'ennemi a été frustré, ses tentatives repoussées.

La population est restée calme et digne, et si nos munitions ont été gaspillées par des soldats trop jeunes, ils acquièrent chaque jour, par la pratique du feu, le sang-froid indispensable à la guerre.

Quant au troisième point, il dépend plus des Prussiens que de nous. Néanmoins, nous veillons.

Au point de vue de l'action, elle se résume ainsi : soldats

excellents, officiers mêlés, les uns très-bons et les autres très-mauvais. Beaucoup d'élan, assez peu de fermeté. Quand les compagnies de guerre seront formées et dégagées de l'élément sédentaire, on aura une troupe d'élite dont l'effectif dépassera 100,000 hommes. Je ne saurais trop recommander aux gardes de porter toute leur attention sur le choix de leurs chefs.

Actuellement, les positions respectives des deux troupes peuvent se résumer ainsi : les Prussiens de Versailles occupent les positions de leurs congénères d'outre-Rhin. Nous occupons les tranchées, les Moulineaux, la gare de Clamart.

En somme, notre position est celle de gens qui, forts de leurs droits, attendent patiemment qu'on vienne les attaquer, se contentant de se défendre.

Des actes d'héroïsme se sont accomplis. A ce sujet, je proposerai à la Commune de vouloir bien faire don au 101e bataillon d'une mitrailleuse qu'il a enlevée aux Prussiens de Versailles avec son caisson et deux autres pièces d'artillerie.

Que chaque bataillon tienne à honneur d'imiter le 101e, et bientôt l'artillerie de la Commune de Paris sera une des plus belles et des mieux servies.

Je saisis cette occasion de rendre un public hommage à la justesse du tir de nos artilleurs.

En terminant, citoyens, je pense que si nos troupes conservent leur sang-froid et ménagent leurs munitions, l'ennemi se fatiguera avant nous. Il ne restera alors de sa folle et criminelle tentative que les veuves et les orphelins, le souvenir et le mépris pour une action atroce.

Le délégué à la guerre,

Général E. Cluseret.

N° 15.

MINISTÈRE DE LA GUERRE

A LA GARDE NATIONALE

Citoyens,

Je remarque avec peine qu'oubliant notre origine modeste, la manie ridicule du galon, des broderies, des aiguillettes commence à se faire jour parmi nous.

Travailleurs, vous avez pour la première fois accompli la révolution du travail par et pour le travail.

Ne renions pas notre origine, et surtout n'en rougissons pas. Travailleurs nous étions, travailleurs nous sommes, travailleurs nous resterons.

C'est au nom de la vertu contre le vice, du devoir contre l'abus, de l'austérité contre la corruption que nous avons triomphé, ne l'oublions pas.

Restons vertueux et hommes du devoir avant tout, nous fonderons alors la République austère, la seule qui puisse et ait le droit d'exister.

Avant de sévir, je rappelle mes concitoyens à eux-mêmes :

plus d'aiguillettes, plus de clinquant, plus de ces galons qui coûtent si peu à étager et si cher à notre responsabilité.

A l'avenir, tout officier qui ne justifiera pas du droit de porter les insignes de son grade, ou qui ajoutera à l'uniforme réglementaire de la garde nationale des aiguillettes ou autres distinctions vaniteuses, sera passible de peines disciplinaires.

Je profite de cette circonstance pour rappeler chacun au sentiment de l'obéissance hiérarchique dans le service ; en obéissant à vos élus, vous obéissez à vous-mêmes.

Paris, le 7 avril 1871.

Le délégué à la guerre,

E. Cluseret.

N° 14.

COMMUNE DE PARIS

La Commune de Paris,

Considérant que le gouvernement de Versailles se vante ouvertement d'avoir introduit dans les bataillons de la garde nationale des agents qui cherchent à y jeter le désordre ;

Considérant que les ennemis de la République et de la Commune cherchent par tous les moyens possibles à produire dans ces bataillons l'indiscipline, espérant désarmer ainsi ceux qu'ils ne peuvent vaincre par les armes ;

Considérant qu'il ne peut y avoir de force militaire sans ordre, et qu'il est nécessaire, en face de la gravité des circonstances, d'établir une rigoureuse discipline, qui donne à la garde nationale une cohésion qui la rende invincible,

Décrète :

Article premier. Il sera immédiatement institué un conseil de guerre dans chaque légion.

Art. 2. Ces conseils de guerre seront composés de sept membres, savoir :

Un officier supérieur, président ;
Deux officiers ;

Deux sous-officiers et deux gardes.

Art. 3. Il y aura un conseil disciplinaire par bataillon.

Art. 4. Les conseils disciplinaires seront composés d'autant de membres qu'il y aura de compagnies dans le bataillon, à raison d'un membre par compagnie, sans distinction de grade ;

Ils seront nommés à l'élection et toujours révocables par la commission exécutive, sur la proposition du délégué à la guerre.

Art. 5. Les membres des conseils de guerre seront élus par les délégués des compagnies.

Art. 6. Seront justiciables des conseils de guerre et disciplinaires les gardes nationaux de la légion et du bataillon.

Art. 7. Le conseil de guerre prononcera toutes les peines *en usage*.

Art. 8. Aucune condamnation afflictive ou infamante, prononcée par les conseils de guerre, ne pourra être exécutée sans qu'elle ait été soumise à la ratification d'une cour de révision spécialement créée à cet effet.

Cette commission de révision se composera de sept membres tirés au sort parmi les membres élus des conseils de guerre de la garde nationale avant leur entrée en fonctions.

Art. 9. Le conseil disciplinaire pourra prononcer la prison depuis un jour jusqu'à trente.

Art. 10. Tout officier peut infliger de un à cinq jours d'emprisonnement à tout subordonné, mais il sera tenu de justifier immédiatement devant le conseil disciplinaire des motifs de la punition prononcée.

Art. 11. Il sera tenu dans chaque bataillon et légion un état des punitions infligées dans les vingt-quatre heures, lequel sera envoyé chaque matin au rapport de la place.

Art. 12. Aucune condamnation capitale ne recevra son exécution avant que la grosse du jugement ou de l'arrêt ait été visée par la commission exécutive.

Art. 13. Les dispositions du présent décret ne seront en vigueur que pendant la durée de la guerre.

Paris, le 11 avril 1871.

N° 15.

COUR MARTIALE

N° 1. — ARRÊT RÉGLANT LA PROCÉDURE ET LES PEINES

TITRE PREMIER.

De la procédure devant la cour martiale.

Article premier. La police judiciaire martiale est exercée par tous les magistrats officiers ou délégués, procédant de l'élection, dans l'exercice des fonctions que leur assigne leur mandat.

Art. 2. Les officiers de police judiciaire reçoivent en cette qualité les dénonciations et les plaintes qui leur sont adressées.

Ils rédigent les procès-verbaux nécessaires pour constater le corps du délit et l'état des lieux. Ils reçoivent les déclarations des personnes présentes ou qui auraient des renseignements à donner.

Ils se saisissent des armes, effets, papiers et pièces tant à charge qu'à décharge, et, en général, de tout ce qui peut servir à la manifestation de la vérité.

Art. 3. Ils sont autorisés à faire saisir les inculpés, les font conduire immédiatement à la prison du Cherche-Midi, et dressent procès-verbal de l'arrestation, en y consignant les noms, qualités et signalement des inculpés.

Art. 4. Les officiers de police judiciaire martiale ne peuvent s'introduire dans une maison particulière, si ce n'est avec l'assistance du juge de paix ou de son suppléant ou du maire, ou d'un adjoint ou du commissaire de police.

Art. 5. Chaque feuillet du procès-verbal, dressé par un officier de police judiciaire martiale, est transmis sans délai, avec les pièces et documents, à la cour martiale.

Art. 6. La poursuite des crimes et délits a lieu d'office, d'après les rapports, actes ou procès-verbaux dressés conformément aux articles précédents.

Art. 7. La cour désigne pour l'information soit un de ses membres, soit un rapporteur qu'elle choisit; l'information a lieu d'urgence et sans aucun délai.

Art. 8. L'accusé est défendu.

Le défenseur, choisi par l'accusé ou désigné d'office, a droit de communiquer avec l'accusé; il peut prendre, sans déplacement, communication des pièces de la procédure.

Art. 9. Les séances sont publiques.

Art. 10. Le président a la police des audiences, les assistants sont sans armes.

Les crimes ou délits commis à l'audience sont jugés séance tenante.

Art. 11. Le président fait amener l'accusé.

Art. 12. Le président fait lire par le greffier les pièces dont il lui paraît nécessaire de donner connaissance à la cour.

Art. 13. Le président fait appeler ou amener toute personne dont l'audition paraît nécessaire; il peut aussi faire apporter toute pièce qui lui paraît utile à la manifestation de la vérité.

Art. 14. Le président procède à l'interrogatoire de l'accusé et reçoit les dépositions des témoins.

Le rapporteur est entendu.

L'accusé et son défenseur sont entendus; ils ont la parole les derniers.

Le président demande à l'accusé s'il n'a rien à ajouter pour sa défense, et déclare que les débats sont terminés.

Art. 15. La culpabilité est résolue à la majorité des membres présents; en cas de partage, l'accusé bénéficie du partage.

Art. 16. L'arrêt est prononcé en séance publique.

Art. 17. Tout individu acquitté ne peut être repris ou accusé à raison du même fait.

Art. 18. Tous frais de justice sont à la charge de la Commune.

Art. 19. Le rapporteur fait donner lecture de l'arrêt à l'accusé par le greffier, en sa présence et devant la garde rassemblée sous les armes.

Art. 20. L'arrêt de condamnation est exécuté dans les vingt-quatre heures après qu'il a été prononcé, ou, dans le cas de condamnation à mort, dans les vingt-quatre heures après la sanction de la commission exécutive.

Art. 21. Toutes assignations, citations et notifications aux témoins, inculpés ou accusés, sont faites par tous magistrats, officiers ou délégués procédant de l'élection, requis à cet effet par le rapporteur.

TITRE II.

Des crimes, des délits et des peines.

Art. 22. Les peines qui peuvent être appliquées par la cour martiale sont :

La mort,
Les travaux forcés,
La détention,
La réclusion,
La dégradation civique,
La dégradation militaire,
La destitution,
L'emprisonnement,
L'amende.

Art. 23. Tout individu condamné à la peine de mort par la cour martiale est fusillé.

Art. 24. La cour se conforme, pour les peines, au Code pénal et au Code de justice militaire.

Elle applique, en outre, la jurisprudence martiale à tous faits intéressant le salut public.

Fait à Paris, le 17 avril 1871.

L. Boursier, Collet, Chardon, Roux, P. Henry.

N° 16.

Nous donnons ici une curieuse lettre datée de Paris, le 21 avril 1871, et adressée au *Daily Telegraph*, de Londres. Nous n'avons pas besoin de dire que c'est une sorte de plaidoyer en faveur de Cluseret :

« Ce matin, je me suis vu de nouveau introduit dans la chambre tendue de satin bleu foncé. J'ai eu une nouvelle entrevue avec le délégué à la guerre. Quand j'ai, à une heure matinale, traversé la Seine, le ciel était orageux, le vent soufflait avec violence le long des Champs-Élysées et à travers la place de la Concorde. On entendait au loin les détonations d'une grosse artillerie. Au coin de la rue de Rivoli, environ cent ouvriers étaient employés à la construction d'une barricade qui sera vraiment formidable; les petites vagues de la Seine se heurtent avec bruit contre le pont. Sur la berge douze tambours battent avec fureur pour s'exercer, tandis qu'à quelques pas un nombre égal de clairons s'exercent aussi sur des instruments horriblement discordants... Le vent emporte mon chapeau et m'oblige à me rapprocher de la barricade. J'apprends alors que cet ouvrage de défense est fort sérieux, qu'il a été savamment construit et qu'il en coûtera cher à qui l'attaquera. Toutefois, je n'ai guère de temps pour les discussions militaires; je dois avancer vite si je veux obtenir mon entrevue avec le général Cluseret, avant que les antichambres du ministre soient remplies de solliciteurs.

« A l'entrée du ministère de la guerre, je me vis arrêté par une des sentinelles, un garçon de seize ans à peine. Ayant prouvé à cet enfant que j'avais le droit de passer, il me permit d'entrer... Dans l'antichambre était l'*huissier* de service et une personne qui attendait. L'huissier me demande avec civilité : « Voulez-vous voir monsieur le ministre ? »

« Je pensais : Assurément ceci ne peut être un signe des temps. La dernière fois, on m'avait dit tout uniment : — Voulez-vous voir le citoyen Cluseret ?

« Je donnai ma carte, avec laquelle l'huissier disparut. On me pria aussitôt de passer dans la chambre voisine, où je trouvai le colonel Rossel, le chef d'état-major, qui paraît être un travailleur infatigable. Il alla informer le général Cluseret que j'étais là. Quelques secondes plus tard, je me retrouvai dans la chambre de satin bleu. Elle présentait le même aspect qu'à ma dernière visite. Le lit n'était point fait, le chapeau de feutre était sur la commode ; sur la cheminée, l'on voyait un revolver. Le général était assis devant le secrétaire, un journal anglais à la main, le *Daily Telegraph* du 14. Il me dit, en m'offrant un siége :

« — Je suis content que vous soyez venu. Je ne suis point un voleur. »

« Je me dis intérieurement : — Je n'ai jamais écrit que vous aviez volé. Que diable va suivre cette singulière ouverture ?

« Le « délégué à la guerre » continua :

« — J'ai lu avec peine une assertion dans le journal que vous représentez. Je n'ai pas besoin de donner les mots précis, mais l'article formule des choses dures sur le présent ministre de la guerre de la Commune. Je ne suis point un voleur, poursuivit-il. Je vous le prouverai ; je prouverai également la fausseté des allégations du capitaine Poupelter, ou de quiconque peut se cacher sous ce nom. Voici les rapports officiels sur mes services ; les voici tels qu'ils ont été trouvés au ministère de la guerre. »

Ici, le général me tendit un gros paquet de documents.

Il continua : « Il n'est pas vrai que j'aie été forcé de quitter l'armée ; loin de là, j'ai été forcé de répéter ma demande de congé en plusieurs occasions, avant qu'on acceptât ma démission. Examinez ces papiers et édifiez-vous vous-même sur les calomnies inventées à Versailles. »

D'après les documents officiels, il paraît que le présent ministre de la guerre est entré comme élève à l'École de Saint-Cyr le 18 avril 1841. Il fut nommé sous-lieutenant le 1er avril 1843, lieutenant le 18 janvier 1848 ; mis à la retraite pour ses opinions politiques le 31 mars 1850 ; renommé lieutenant au 4e régiment de chasseurs à pied le 6 février 1853, nommé capitaine le 29 juin 1855, passa avec le même grade au 8e bataillon le 27 avril 1856, se retira le 17 juillet 1858. Il fut deux fois blessé en Crimée, et se vit nommé chevalier de la Légion d'honneur le 28 juillet 1858. Après avoir quitté l'armée, M. Cluseret servit en Italie comme aide de camp durant la campagne garibaldienne ; plus tard, il devint chef de la légion française. Il fut de nouveau blessé.

Le général Cluseret a également servi durant la guerre d'Amérique, en qualité de chef d'état-major du général Mac Clellan. Ce qui prouve qu'il jouissait dans l'armée française d'une bonne réputation, c'est le fait que l'année même où il donna sa démission, il ait été proposé pour la croix, distinction rare pour un capitaine.

L'un des documents émanés du ministère de la guerre porte la date du 11 mars 1856 ; il est signé du maréchal

Forey, et parle de M. Cluseret comme d'un officier de talent, agréable, d'un « joli physique, » mais à qui on peut reprocher d'avoir trop de prétention, se croyant au-dessus du travail, et conséquemment le négligeant.

Quand j'eus examiné les papiers du ministre de la guerre, le général reprit :

« On a essayé de me noircir au sujet du mouvement fénian. Si vous le voulez bien, examinez maintenant mon dossier de la préfecture de police. »

J'examinai, en effet, ce dossier qu'on fit venir ; il était volumineux. J'y remarquai, entre autres, tous les articles écrits par le général.

Afin de vous donner une idée du système de police qui a été si longtemps pratiqué ici, je passerai rapidement en revue quelques-uns des papiers dont se compose le dossier.

Le lieutenant Cluseret fut mis en disponibilité le 31 mars 1850. Le 9 du mois suivant, une lettre fut envoyée de l'état-major de la première division de l'armée au préfet de police. Cette lettre, en constatant le fait du retrait d'emploi, recommandait de surveiller l'officier désigné, imbu d'opinions très-exaltées, et d'envoyer au quartier général tous les renseignements le concernant.

Le 17 avril, on trouve un rapport constatant que M. Cluseret est d'une famille honorable, que son père est mort trois années auparavant des suites de ses blessures, à Lille, que sa mère possède une fortune suffisante, que la conduite du jeune officier, qui, depuis son retour à Paris, a résidé avec elle, est bonne, que la mère et le fils sont partis pour Suresnes, où cette dame a une petite maison ; que dans les cabarets de l'endroit les gens parlent ouvertement de Cluseret et déclarent que le gouvernement est à blamer pour avoir ruiné l'avenir du jeune homme. Toutefois, le lieutenant évite toute démonstration populaire.

Le 19 mai, le préfet de police reçoit une nouvelle lettre du ministère de la guerre par rapport à M. Cluseret; elle parle des idées exaltées de celui-ci, de sa liaison avec le rédacteur d'un journal socialiste de Caen, et recommande de surveiller de près le jeune homme, qui a 27 ans.

Le 26 mai, Lagrange, le célèbre chef de la police politique, fait son rapport. Il est favorable. Le lieutenant a des habitudes régulières, fréquente des personnes de distinction, aimées de sa famille, n'est en relations avec aucun des démagogues de la capitale. Le rapport se termine ainsi : « En conséquence, nous levons la surveillance. »

Toutefois, il y a, le 8 septembre, une autre lettre constatant que le lieutenant Cluseret est depuis six mois à Paris, s'occupe de peinture, vit avec la plus grande économie et manque souvent du nécessaire; mais sa conduite est régulière et il évite la politique.

En 1851, je trouve un rapport de la police municipale déclarant que Cluseret est un jeune orgueilleux, professant des opinions progressives, mais non dangereuses.

En août 1852, sa conduite est signalée comme régulière ; il s'occupe toujours de peinture. Il est dit qu'à Suresnes, en décembre, il a répandu l'alarme que la journée du 3 n'était point finie, que 100,000 hommes marchaient sur Paris pour chasser le dictateur, et qu'il n'avait aucun désir d'entrer dans l'armée, mais qu'il offrirait ses services au pape ou au bey de Tunis, comme officier français.

Le 27 décembre 1861, une enquête est ordonnée touchant Gustave-Paul Cluseret, colonel dans l'armée garibaldienne. En voici le résultat : Né le 13 juin 1823, a servi en Afrique en 1854, 56, 57, 58, et en Crimée en 1855 ; — était avec Garibaldi en 1859. Ses associés sont des hommes d'opinions avancées ; il sert leurs haines contre l'empire.

Il y a un télégramme daté de Londres, 27 mars 1862 :

« Colonel Cluseret, attendu à Twickenham ; attribue grande importance. » Nous apprenons par des rapports de police qu'en 1864, Cluseret, au service de l'Amérique, n'avait point modifié ses opinions. La même année, le général Frémont lance un journal destiné à soutenir l'Union et les institutions libérales sans distinction de caste ni de couleur et le place sous la direction unique du général Cluseret.

En février 1867, les rapports le montrent à Londres enrôlant des volontaires pour l'Amérique. Le 6 mars, il est dit que Cluseret est venu en Angleterre avec une double mission, à lui confiée par M. Seward, en vue d'établir une entente entre la Reform League et les Trades-Unions, afin d'amener une révolution, nominalement pour le parti républicain, mais en réalité au détriment de l'Angleterre.

On a dit que M. Seward l'a autorisé à promettre de l'aide en vaisseaux, armes et hommes. Il a été mis en communication avec le signor Mazzini, MM. Peters Taylor, Cremer, Odger, et par celui-ci avec M. Bright. On le signale comme ayant été explicite avec Odger et Cremer, mais extrêmement prudent avec Taylor et Bright. Plus tard, le général Cluseret a été chargé, par la direction centrale des féniens de New-York, de faire une répétition de l'affaire Hyde Park et de provoquer un conflit...

Le 5 août 1867, le ministre français écrit de Washington au ministre des affaires étrangères à Paris qu'il a fait à New-York des recherches et que le résultat est qu'il ne peut croire à la vérité des projets attribués à Cluseret. Tels sont les points les plus saillants des dossiers, dans lesquels je n'ai rien trouvé qui corrobore les assertions qui circulent à Versailles et que rapporte votre correspondant de cette ville.

Avant de quitter le délégué de la guerre, je lui demanda ce qu'il pensait de la suppression de certains journaux. Il me répondit :

« Je ne suis pas partisan de ces mesures répressives. J'ai donné des instructions pour que toute personne faisant des réquisitions ou des arrestations sans ordres signés de moi ou du préfet de police soit immédiatement arrêtée. Je ne veux pas être responsable des mesures arbitraires prises actuellement. J'ai déjà offert ma démission, mais la Commune ne l'accepte pas. Néanmoins, si ses actes illégaux continuent, je me démettrai de mes fonctions. Ils peuvent me tuer s'ils veulent, mais je ne veux pas les suivre sur ce terrain. Qu'on me laisse du temps et Paris pourra se gouverner lui-même. »

Je ne fais pas injure au général en relatant ses opinions, qui parlent d'elles-mêmes.

N° 17.

DÉLÉGATION DES FINANCES

CAISSES CENTRALES DU TRÉSOR PUBLIC

RÉSUMÉ DES MOUVEMENTS DE FONDS DU 20 MARS AU 30 AVRIL 1871 INCLUS.

RECETTES

Le 4 avril, il a été reconnu dans les armoires n° 1 et 2, comptoir principal et diverses caisses	721,342	»
Le 7 avril, dans la resserre, reconnu en billets, or et argent	3,879,585	»
Idem — une caisse renfermant des thalers pour une somme de	37,830	75
Le 19, dans la resserre, une cassette or . .	12,000	»
Plus un rouleau d'or trouvé dans la resserre	1,000	»

16

278 NOTES ET PIÈCES JUSTIFICATIVES.

Billon épars dans la cave, non compris dans le chiffre de 285,000 fr. trouvés le 4 avril.	500	»
Diverses sommes trouvées au fur et à mesure des recherches	1,336	46
Reliquat de caisse des souscriptions en faveur des victimes du bombardement . .	4,515	»
Total.	4,658,112	21

Porté au débit de la caisse centrale par le crédit de l'ex-caisse centrale des finances fr 4,658,112 21

(Voir l'état annexé pour la différence des sommes trouvées avec celles devant exister d'après la situation au 18 mars 1871.)

RECETTES DE DIVERSES ADMINISTRATIONS ET ÉTABLISSEMENTS COMMUNAUX.

Banque de France. — Ses diverses remises de fonds	7,750,000	»
Direction des télégraphes. — Y compris 500 fr., produit de la vente de vieux papiers	50,500	»
Octroi communal. — Versements.	8,466,988	»
Contributions directes. — Versement du caissier principal	110,192	20

Douanes. — Versement par Révillon...	65,010	»
Halles et marchés. — Versements des délégués aux halles................	519,599	19
Halles et marchés. — Versements du délégué pour le dépotoir............	2,077	»
Manufactures de tabacs. — Versements des entrepositaires................	1,759,710	55
Services des travaux publics. — Versement par Duvivier................	5,980	»
Enregistrement et timbre. — Versement du directeur...................	560,000	»
Association des cordonniers. — Versement par Durand, délégué..........	775	50
Caisse municipale de l'Hôtel de Ville. — Versements par divers..........	1,284,477	85
Remboursements effectués par la garde nationale. — Suivant détail aux diverses caisses.......................	480,840	30
Mairie du VIe arrondissement. — Versement du secrétaire...............	17,305	85
Caisse de retraite des employés de l'Hôtel de Ville. — Retenues sur un état d'appointements.....................	28	35
Comptes de cautionnements :		
Mme Andrieu.................	1,000	»
Manteuil....................	1,000	»
Finbruke....................	50	»
Produit de diverses saisies ou réquisitions. — Archevêché (numéraire)......	1,308	20
Communauté de Villers...........	230	»
Numéraire trouvé chez les frères Dosmont et Demore (suivant procès-verbal)...	7,320	»

280 NOTES ET PIÈCES JUSTIFICATIVES.

Chemins de fer. — Versement en exécution
du décret du 27 avril   303,000   »
Produit de passe de sacs. 341 30
                                          ─────────────
                    Total. 26,013,916 70

PAYEMENTS.

Il a été payé du 20 mars au 30 avril 1871 inclusivement,

Savoir :

Aux diverses municipalités 1,445,645 64
A la délégation de la guerre 20,056,573 15
A l'intendance 1,813,318 25
A la délégation de l'intérieur.   103,730   »
         — de la marine 29,239 34
         — de la justice   5,500   »
         — du commerce.   50,000   »
         — de l'enseignement.   1,000   »
A la délégation des relations extérieures. .   112,129 96
Comité central 15,651 20
Commission du travail et d'échange. . . .   »   »
Hôtel de Ville et mairies de Paris. 91,753 98
Commission exécutive 90,675 16
Commission de sûreté 235,039 40
         — des monnaies et médailles . .   8,000   »
Domaines de la Seine 20,934 91
Service télégraphique   50,100   »
         — des ambulances   10,100   »
Enregistrement et timbre 7,777 46
Ponts et chaussées. 27,516 71

NOTES ET PIÈCES JUSTIFICATIVES.

Hôpitaux militaires	182,510	91
Gouverneur des Tuileries	6,000	»
— de l'Hôtel de Ville	5,000	»
Assistance extérieure	105,175	»
Association métallurgique	5,000	»
Légion des sapeurs pompiers	99,943	45
Bibliothèque nationale	30,000	»
Journal officiel	3,122	»
Manufacture des tabacs	91,922	78
Contrôles des chemins de fers	2,000	»
Commission des barricades	44,500	»
Imprimerie nationale	100,000	»
Direction des postes	5,000	»
Contributions directes	2,300	»
Association des tailleurs	20,000	»
— des cordonniers	4,662	»
Frais généraux	197,436	99
Divers	51,910	83
Total	36,013,916	70
Balance	875,827	58

Le total des recettes du 20 mars au 30 avril 1871 inclus s'élève à la somme de... 26,013,916 70

Le total des dépenses du 20 mars au 30 avril 1871 inclus, s'élève à la somme de 25,138,089 12

Il reste donc un excédant de recettes de.. 875,827 58

Représenté par les soldes des caisses détaillées comme suit :

Caisse centrale... 673,600 98
— n° 1... 72,968 70

— nº 2	56,627 85
— nº 2 *bis*	45,223 15
— nº 3	19,650 90
Fonds spéciaux	7,756 »
Somme égale à l'excédant de recettes . . .	» »
Total.	875,827 58

Paris, le 1ᵉʳ mai 1871.

Certifié conforme :

Le Caissier principal,

G. DURAND.

N° 18.

UNE VISITE DANS LES PRISONS DE LA COMMUNE

SAINT-LAZARE

Cette prison, réservée jusqu'ici aux femmes publiques et aux condamnées pour délit commun, vient de refermer ses portes sur les religieuses de Picpus, arrêtées la semaine dernière par l'ordre de la sûreté générale.

J'ai voulu me rendre compte de la situation de ces détenues politiques, et m'étant présenté au directeur de la prison, j'ai reçu de la part de ce fonctionnaire toutes les facilités possibles pour visiter en détail cet établissement pénitenciaire.

Le personnel des gardiens a été conservé intact; celui des femmes a subi une modification heureuse, en ce sens que le monopole de ces fonctions jusqu'ici, réservé aux religieuses, a été brisé en faveur des femmes du peuple.

Notons en passant que l'un comme l'autre m'ont paru insuffisants eu égard aux exigences du service.

Les salles, les dortoirs, l'infirmerie et les cours sont d'une propreté extrême.

Le médecin de la prison m'a assuré que l'état sanitaire n'avait jamais été plus satisfaisant.

En effet, j'ai remarqué sur la physionomie des détenues un air de santé que je ne m'attendais pas à trouver dans une prison.

Les religieuses enlevées au couvent de Picpus sont au nombre de quatre-vingt-quatre ; elles sont isolées des autres détenues, ont un dortoir particulier et une cour spéciale.

Interrogées par moi, elles m'ont paru résignées ; elles se louent de la bienveillance de leurs gardiens et du directeur de la prison, M. Mouton, qui a su concilier les exigences de la situation avec les égards que l'on doit à des femmes âgées.

La supérieure, l'économe et la sous-supérieure habitent chacune une cellule particulière.

Je conclus, de leur conversation à toutes, qu'elles seraient désireuses qu'on leur permît d'avoir quelques objets de piété, quelques vêtements plus chauds et la faculté de pouvoir, avec leurs deniers, se procurer quelques suppléments à la nourriture de la prison.

Je serais heureux que ces lignes, tombant sous les yeux de l'autorité supérieure, puissent l'amener à faire quelques concessions à ces prisonnières qui, toutes pour la plupart, sont d'un certain âge.

Je ne sortirai pas de cette prison sans rendre hommage au zèle et à l'intelligence qu'apporte le citoyen directeur Mouton, dans l'accomplissement de sa tâche difficile.

MAZAS

En arrivant à Mazas, la pensée se reporte aussitôt au plus marquant des prisonniers de cet établissement. Je veux parler de Mgr Darboy, archevêque de Paris.

Grâce à l'obligeance du citoyen Michel, inspecteur général

des prisons de la Seine, et du citoyen Gareau, directeur de la prison, j'ai pu pénétrer dans la cellule de l'archevêque.

Le primat des Gaules occupe la cellule n° 44.

Le geôlier fait grincer les clefs dans la serrure, la porte tourne sur ses gonds et je me trouve en présence de l'hôte illustre de Mazas.

L'inspecteur général me précédait : c'est un homme jeune, à la physionomie énergique, au regard intelligent, à la parole convaincue :

« Citoyen Darboy, dit-il d'une voix timbrée, j'ai l'honneur « de vous présenter... »

Le prisonnier se lève, nous salue, nous offre les deux seules chaises à sa disposition et s'assied sur son lit.

Sa cellule est comme toutes les autres : quelques pieds carrés.

Sur les murs se trouve ce que l'on pourrait appeler, en termes militaires, l'état de casernement. Je le livre tout entier à la curiosité des lecteurs :

Un petit lit en bois noir,
Une paillasse,
Un matelas,
Deux couvertures laine beige,
Deux draps de toile grise,
Un gobelet,
Une cuillère en bois,
Une gamelle,
Un bidon,
Un balai en bouleau,
Un en chiendent,
Une table à tiroir,
Deux chaises ordinaires,
Trois tablettes de bois blanc,
Un crachoir.

Le prisonnier se trouvait tout aussi à l'aise dans ce réduit qu'il l'était autrefois dans les salons du palais archiépiscopal.

Mgr Darboy est âgé de soixante ans environ ; depuis son entrée à Mazas, il a laissé pousser sa barbe, dont la couleur est presque blanche. Il porte le costume d'évêque, soutane violette, croix d'or au cou, anneau épiscopal à la main gauche.

La conversation a roulé d'abord sur l'état de sa santé, puis n'a pas tardé à prendre une tournure politique.

L'archevêque de Paris désapprouve vivement la conduite de son grand vicaire, l'abbé Lagarde, qui, relâché sur parole, il y a environ un mois, pour aller en mission à Versailles, n'est pas revenu. Toutefois, on s'aperçoit qu'il voudrait trouver des circonstances atténuantes, mais il ne peut parvenir à en établir.

Nous avons fait ensuite avec le prélat un parallèle entre la révolution actuelle et celle de 93 ; il nous a avoué qu'il reconnaissait la modération des révolutionnaires d'aujourd'hui, a prétendu ensuite qu'il n'y avait tout simplement entre le clergé et la Commune qu'un immense malentendu dont le résultat était de les diviser.

Il lui est arrivé une fois de prononcer le mot *démocrate*, mais il a paru aussitôt se raviser, et un sourire a éclairé sa physionomie.

L'archevêque se loue beaucoup des égards qu'ont pour lui le directeur et l'inspecteur général.

Du reste, ces messieurs lui ont déclaré devant moi qu'il n'était prisonnier qu'à titre d'otage, et qu'ils ne demanderaient pas mieux de le mettre en liberté si la situation parvenait à s'éclaircir.

Mgr Darboy reçoit tous les journaux du dehors ; lorsque je lui ai offert un journal que je tenais à la main, il me l'a refusé en me disant qu'il l'avait déjà lu.

On apporte à Sa Grandeur sa nourriture d'un restaurant de la ville et on lui accorde le droit de demander tout ce qui peut lui être agréable.

Monseigneur m'a dit que la veille il avait reçu la visite de sir Narkot, délégué du lord maire de Londres, pour la distribution à Paris des dons anglais. Ce gentleman lui avait apporté, m'a-t-il dit, une foule de ces provisions de bouche telles que seuls les Anglais savent en trouver.

En résumé, l'archevêque de Paris, quoique légèrement fatigué, par suite du manque d'exercice, paraît en assez bonne santé et appelle de tous ses vœux la fin de la guerre civile qui contribuera à lui rendre la liberté.

Que les âmes pieuses se rassurent donc sur la position faite par la Commune à M. Darboy!

Comme à Saint-Lazare, j'ai été frappé de la bonne tenue, de la propreté et de l'ordre qui règnent dans cette prison, où se trouvent encore un certain nombre de détenus célèbres parmi lesquels on remarque le sénateur Bonjean, l'abbé Deguerry, etc.

Notons, avant de finir, que la semaine dernière, le directeur Garceau[1] a été assez habile pour ouvrir dans son personnel (qui n'a pas été presque modifié) une souscription en faveur des veuves et des orphelins de la guerre civile, qui a produit une somme de 109 francs.

H. DE L.

---

[1] Le citoyen Garceau, qui voulait faire sauter la prison de Mazas, a été fusillé l'un des premiers lors de l'arrivée des troupes.

B. V.

N° 19.

Le correspondant du *Times* à Paris donne le récit suivant, en date du 14 courant, d'une entrevue qu'il vient d'avoir avec l'archevêque de Paris dans sa prison :

« Accompagné de quelques amis qui avaient affaire à la Conciergerie, je pénétrai avec eux dans les appartements du gouverneur. Nous demandâmes une entrevue avec l'archevêque, qui nous fut accordée, après quelques hésitations, à condition que nous nous entretiendrions avec lui à travers un grillage. Ceci fut l'objet d'un refus de notre part, car ce moyen nous paraissait incompatible avec la dignité de l'archevêque, et, après de nouveaux pourparlers, on consentit à nous laisser entrer dans la cellule; un garde national nous accompagna pour empêcher que notre conversation eût trait à la haute trahison.

« Mgr Darboy était assis sur un escabeau de bois, il avait un missel sur ses genoux, et nous remercia de notre visite et de notre sympathie. Il nous raconta ce qui s'était passé le vendredi saint à Notre-Dame.

« Il paraît qu'un détachement de gardes nationaux était entré à midi dans l'église en demandant l'ouverture immédiate de trésor. Lorsqu'on leur demanda en vertu de quelle autorité ils procédaient, l'un des gardes produisit un papier très-sale, affirmant que c'était un mandat de la Commune, et commença, képi en tête et pipe à la bouche, à faire l'inventaire de l'argenterie.

« Bientôt un autre garde arriva en annonçant qu'il y avait une voiture à la porte et ordonnant aux assistants de l'aider à emballer le trésor dans de grands sacs de toile qu'il avait apportés. A la première alarme, un bedeau était parti pour l'Hôtel de Ville, et, entrant de force dans la salle du conseil, il demanda par quel ordre ce grand sacrilége avait lieu, et apprit qu'aucun ordre de ce genre n'avait été donné.

« Un détachement de soldats fut immédiatement envoyé sur les lieux ; il arriva à temps pour arrêter la voiture et mettre les voleurs en fuite. Les vases sacrés furent remis à leurs places ordinaires et tout fut dit.

« L'archevêque refuse de croire que la Commune ait provoqué cette tentative, et pense que ce n'était qu'un coup monté par des voleurs.

« Notre garde national nous dit alors qu'il ne fallait pas rester plus longtemps, et l'archevêque nous dit adieu, pensant nous revoir dans un mois ou deux à son palais, « pourvu » ajouta-t-il, en faisant allusion à sa tête vénérable, « pourvu qu'on permette à ceci de rester en place. »

« Les arrestations se multiplient, et les étrangers eux-mêmes ne seront bientôt plus en sûreté. M. Raoul Rigault, le nouveau ministre de la police, est un être terrible et mystérieux ; habile, pénétrant et peu scrupuleux, il semble fait pour la place qu'il occupe. »

N° 20.

DERNIÈRES PROCLAMATIONS

DE L'INSURRECTION

Citoyens,

La porte de Saint-Cloud, assiégée de quatre côtés à la fois par les feux du mont Valérien, de la butte Mortemart, des Moulineaux et du fort d'Issy, que la trahison a livré, la porte de Saint-Cloud a été forcée par les Versaillais, qui se sont répandus sur une partie du territoire parisien.

Ce revers, loin de nous abattre, doit être un stimulant énergique. Le peuple qui détrône les rois, qui détruit les bastilles, le peuple de 89 et de 93, le peuple de la Révolution, ne peut perdre en un jour le fruit de l'émancipation du 18 mars.

Parisiens, la lutte engagée ne saurait être désertée par personne; car c'est la lutte de l'avenir contre le passé, de la liberté contre le despotisme, de l'égalité contre le monopole, de la fraternité contre la servitude, de la solidarité des peuples contre l'égoïsme des oppresseurs.

AUX ARMES !

Donc, AUX ARMES ! Que Paris se hérisse de barricades,

et que, derrière ces remparts improvisés, il jette encore à ses ennemis son cri de guerre, cri d'orgueil, cri de défi, mais aussi cri de victoire : car Paris, avec ses barricades, est inexpugnable.

Que les rues soient toutes dépavées : d'abord, parce que les projectiles ennemis, tombant sur la terre, sont moins dangereux ; ensuite, parce que ces pavés, nouveaux moyens de défense, devront être accumulés, de distance en distance, sur les balcons des étages supérieurs des maisons.

Que le Paris révolutionnaire, le Paris des grands jours, fasse son devoir ; la Commune et le Comité de salut public feront le leur.

Hôtel de Ville, le 2 prairial, an 79.

Le Comité de salut public :

Ant. ARNAUD, E. EUDES, F. GAMBON, G. RANVIER.

Que tous les bons citoyens se lèvent !
Aux barricades ! l'ennemi est dans nos murs !
En avant pour la République, pour la Commune et pour la liberté !

AUX ARMES !

Paris, le 3 prairial, an 79.

Le Comité de salut public :

Ant. ARNAUD, BILLIORAY, E. EUDES, F. GAMBON, RANVIER.

AUX FRANCS-MAÇONS

DE TOUS LES RITES ET DE TOUT GRADE.

Frères,

La Commune, défenseur de nos principes sacrés, vous appelle à elle.

Vous l'avez entendue, et nos bannières vénérées sont déchirées par les balles et brisées par les obus de ses ennemis.

Vous avez répondu héroïquement ; continuez, avec l'aide de nos frères de tous les compagnonnages.

L'instruction que nous avons reçue dans nos respectables ateliers dictera à chacun de nous, à tous, le devoir sacré que nous avons à remplir.

Heureux ceux qui triompheront, glorieux ceux qui succomberont dans cette lutte sainte !

Citoyens,

Les Versaillais doivent comprendre, à l'heure qu'il est, que Paris est aussi fort aujourd'hui qu'hier.

Malgré les obus qu'ils font pleuvoir jusqu'à la porte de

Saint-Denis, sur une population inoffensive, Paris est debout, couvert de barricades et de combattants!

Loin de répandre la terreur, leurs obus ne font qu'exciter davantage la colère et le courage des Parisiens!

Paris se bat avec l'énergie des grands jours!

Malgré tous les efforts désespérés de l'ennemi, depuis hier il n'a pu gagner un pouce de terrain.

Partout il est tenu en échec; partout où il ose se montrer, nos canons et nos mitrailleuses sèment la mort dans ses rangs.

Le peuple, surpris un instant par la trahison, s'est retrouvé; les défenseurs du droit se sont comptés, et c'est en jurant de vaincre ou de mourir pour la République, qu'ils sont descendus en masse aux barricades!

Versailles a juré d'égorger la République : Paris a juré de la sauver!

Non! un nouveau Deux-Décembre n'est plus possible, car, fort de l'expérience du passé, le peuple préfère la mort à la servitude.

Que les hommes de Septembre sachent bien ceci : le peuple se souvient. Il a assez des traîtres et des lâches qui, par leurs défections honteuses, ont livré la France à l'étranger.

Déjà les soldats, nos frères, reculent devant le crime qu'on veut leur faire commettre.

Un grand nombre d'entre eux sont passés dans nos rangs.

Leurs camarades vont suivre en foule leur exemple.

L'armée de Thiers se trouvera réduite à ses gendarmes.
— Nous savons ce que veulent ces hommes et pourquoi ils combattent.

Entre eux et nous il y a un abîme !

AUX ARMES !

Du courage, citoyens, un suprême effort, et la victoire est à nous !

Tout pour la République !

Tout pour la Commune !

(*La rédaction de* PARIS-LIBRE.)

N° 21.

DERNIÈRES INSTRUCTIONS
ET COMMUNICATIONS DE LA COMMUNE

ÉTAT-MAJOR GÉNÉRAL

Au citoyen général Dombrowski.

Citoyen,

J'apprends que les ordres donnés pour la construction des barricades sont contradictoires.

Veillez à ce que ce fait ne se reproduise plus.

Faites sauter ou incendier les maisons qui gênent votre système de défense. Les barricades ne doivent pas être attaquables par les maisons.

Les défenseurs de la Commune ne doivent manquer de rien ; donnez aux nécessiteux les effets que contiendront les maisons à démolir.

Faites d'ailleurs toutes les réquisitions nécessaires.

Paris, 2 prairial, an 79.

Delescluze, A. Billioray.

P. O. le colonel d'état-major,
Lambron.

Voici la copie exacte d'un ordre trouvé dans la poche du chef de la barricade de la rue du Château-d'Eau, le citoyen Jacquet :

COMMUNE DE PARIS

ÉTAT-MAJOR DE LA PLACE

Le citoyen Jacquet est autorisé à requérir tous les citoyens et tous les objets qui lui seront utiles pour la construction des barricades de la rue du Château-d'Eau et de la rue Albouy.

Le vin seul et l'eau-de-vie sont et demeurent exceptés.

Les citoyens et citoyennes qui refuseront leurs concours seront immédiatement passés par les armes.

Les citoyens chefs de barricade sont chargés d'assurer la sécurité des quartiers.

Ils doivent faire visiter les maisons suspectes. Faire partout ouvrir les portes et les fenêtres durant la durée des perquisitions.

Toutes les persiennes doivent être ouvertes, toutes les fenêtres fermées.

Les soupiraux des caves doivent être surveillés avec un soin particulier.

Les lumières doivent être éteintes dans les quartiers attaqués.

Les maisons suspectes seront incendiées au premier signal.

DELESCLUZE.

Cachet bleu avec ces mots :
Commune de Paris.

Le chef de légion du Xe arrondissement,
BRUNEL.

Cachet rouge avec ces mots :
Commune de Paris, mairie
du Xe arrondissement.

COMMUNE DE PARIS

DIRECTION DE LA SURETÉ GÉNÉRALE

Le citoyen Raoul Rigault est chargé, avec le citoyen Régère, de l'exécution du décret de la Commune de Paris, relatif aux otages.

Paris, 2 prairial, an 79.

DELESCLUZE, BILLIORAY.

COPIE D'UN ORDRE TROUVÉ SUR LE CITOYEN BELGE VAN DER HOOVEN

CHEF DE BARRICADE AU FAUBOURG-DU-TEMPLE.

Le citoyen délégué commandant la caserne du Château-d'Eau, est invité à remettre au porteur du présent les bombonnes d'huile minérale nécessaires au citoyen chef général des barricades du Faubourg-du-Temple.

Le chef de légion,

BRUNEL.

ORDRE TROUVÉ SUR DELESCLUZE

Le citoyen Millière, à la tête de 150 fuséens, incendiera les maisons suspectes et les monuments publics de la rive gauche.

Le citoyen Dereure, avec 100 fuséens, est chargé du 1er et du 2e arrondissement.

Le citoyen Billioray, avec 100 hommes, est chargé des 9e, 10e et 20e arrondissements.

Le citoyen Vésinier, avec 50 hommes, est chargé spécialement des boulevards de la Madeleine à la Bastille.

Ces citoyens devront s'entendre avec les chefs de barricade pour assurer l'exécution de ces ordres.

Paris, 3 prairial, an 79.

> DELESCLUZE, RÉGÈRE, RANVIER,
> JOHANNARD, VÉSINIER, BRUNEL,
> DOMBROWSKI.

Ce document a été trouvé sur le cadavre d'un individu tué au ministère des finances, et est entre les mains de l'autorité :

MINISTÈRE DE LA GUERRE	Paris, le 18
CABINET DU MINISTRE	CABINET DU MINISTRE DE LA GUERRE
	Au citoyen Lucas,
	Faites de suite flamber Finances et venez nous retrouver.
Timbre : MINISTÈRE DE LA GUERRE	4 prairial an 79. TH. FERRÉ.

Ce Ferré était, comme on sait, membre de la Commune et délégué au Comité de salut public.

La lettre suivante, dont *Paris-Journal* garantit l'authenticité, a été adressée le 3 mai dernier à un membre de la Commune :

« Vous me demandez beaucoup de choses impossibles. Comment voulez-vous que nous vous indiquions les membres dangereux présents à Paris ?

« Vous devez les connaître mieux que nous.

« Je ne puis entrer dans ces détails.

« Voici toutefois quelques établissements qui doivent périr, dans l'intérêt des travailleurs.

« Les raffineries.

« L'usine Cail.

« Les Gobelins.

« Les fabriques de colle.

« Si vous pouvez envoyer quelques enfants perdus chez Claparède, vous ferez bien.

« Incendiez les compagnies de chemins de fer, les banques et les établissements de crédit.

« En général, détruisez les ateliers occupant plus de quinze ouvriers. Leur monopole écrase le travailleur.

« On vous enverra demain des instructions plus complètes.

« Dudley.

« Londres, 3 mai 1871. »

Nous avons respecté dans notre reproduction le style, l'orthographe et la physionomie même de cette pièce, désormais historique, la plus curieuse et la plus significative, jusqu'ici connue de toutes celles non destinées à la publicité, qui émanent de la Commune :

GARDE NATIONALE DE LA SEINE.

Paris, le 25 mai 1871.

3ᵉ LÉGION

CABINET du Chef de Légion

(N. B. À l'encre.) Informez le Père-Lachaize que les projectiles qu'ils reçoivent ne peuvent venir que de Montmartre.

N. B. Le cachet est à l'encre rouge.

Tirez principalement sur les églises exceptés le XIᵉ arrondissement et Belleville et le XIIᵉ arrondissement.

Le membre du Comité de salut public,

Gᵃˡ EUDES.

COMITÉ DE SALUT PUBLIC

COMMUNE DE PARIS

N. B. *(Autre réponse au crayon, d'une autre main.)*
Père-Lachaise.
4ᵉ batterie tire à toute volée sur Panthéon.
Cⁿᵉ CUNET.

N. B. *(Au crayon, c'est sans doute la réponse.)*

Mon tir est dirigé sur Saint-Eustache et sur la gare d'Orléans, boulevard Hôpital, de façon à faire le plus de dégâs à *l'interception* (sic) des boulevard Hôpital et Saint-Marcel et Arago.

Le chef commandant l'artillerie Iᵉʳ du Xᵉ arrondissement au Père-Lachaise. Le maréchal des logis,

VIEULINA.

(N B. La signature ne peut être garantie, étant peu lisible.)

Sur le dos de l'original, il y a :

Au citoyen commandant la batterie du Père-Lachaise.

N° 22.

Le *Moniteur universel* reçut de M. l'abbé Lamazou, vicaire de la Madeleine, sorti sain et sauf de la Roquette, le récit suivant du drame sanglant qui s'était accompli dans cette prison.

Paris, le 28 mai 1871.

Nous sommes sortis ce matin même de la prison de la Roquette dix ecclésiastiques, quarante sergents de ville et quatre-vingt-deux soldats, après avoir échappé à la mort par un vrai prodige d'audace et de sang-froid.

Prisonnier du Comité de salut public à la Conciergerie, à Mazas et à la Roquette, je serai aujourd'hui sobre de détails sur les faits révoltants, monstrueux, dont cette dernière prison a été le théâtre, et qui lui assurent désormais une place à part parmi les lieux les plus sinistrement célèbres. Pour en signaler un entre cent, un vicaire de Notre-Dame-des-Victoires et moi nous avons passé une demi-heure, le jeudi 25 mai, à nous préparer à être fusillés.

Ce n'était qu'une fausse alerte, et les agents de la Commune chargés de ces aimables invitations consolaient ceux qui en étaient l'objet en leur assurant que ce qui n'avait pas eu lieu la veille ne manquerait pas d'arriver le lendemain.

NOTES ET PIÈCES JUSTIFICATIVES. 303

On devait simplement traduire un de nos voisins devant une espèce de cour martiale qui siégeait au greffe de la prison, et qui se composait de citoyens principalement remarquables, les uns par leur abrutissement, les autres par leur férocité.

Depuis l'atroce exécution de Mgr l'archevêque de Paris, de M. le curé de la Madeleine, de M. le président Bonjean, de M. Allard, ancien missionnaire, et des PP. jésuites Clair et Ducoudray, qui a eu lieu le mercredi 24 mai, dans un coin de la cour extérieure de la prison, sans motif, sans jugement, sans procès-verbal, en présence d'un délégué de la Commune, qui n'avait d'autre mandat que le revolver au poing, et d'une cohue des gardes nationaux, qui n'eurent à manifester d'autres sentiments que de révoltants outrages ; sans aucun respect pour les corps de ces nobles victimes, qui furent dépouillés de leurs habits, entassés sur une vulgaire charrette et jetés dans un coin de terre à Charonne ; il était évident que, aux actes burlesques de la Commune, allaient succéder les actes destructeurs et sanguinaires, et que les otages, qui avaient été conduits de Mazas à la Roquette, le lendemain de l'entrée des troupes versaillaises à Paris, étaient destinés à subir le même sort.

Le vendredi 26 mai, trente-huit gendarmes et seize prêtres avaient été conduits au Père-Lachaise pour y être passés par les armes. Le jour suivant, comme l'armée versaillaise abordait les hauteurs du Père-Lachaise, où l'on avait dressé cette infernale batterie qui devait réduire en cendres les plus beaux monuments de Paris, on donna l'ordre de fusiller les prêtres, les soldats et les sergents de ville que renfermait encore la prison. Les membres de la Commune, qui s'obstinaient dans leur horrible besogne, s'étaient installés au greffe de la Roquette. Je pouvais, de ma cellule, suivre leurs délibérations, et j'affirme qu'il ne doit pas y avoir de cabaret mal famé où la tenue ne soit plus édifiante.

A trois heures et demie, le pourvoyeur de ces exécutions signifiait aux habitants du second et du troisième étage l'ordre de descendre. Cédant à une généreuse inspiration d'humanité, un gardien de la Roquette, dont le nom doit être connu du public, M. Pinel, ouvrait avec rapidité toutes les cellules et déclarait qu'il était affreux de voir ainsi fusiller d'honnêtes gens par d'ignobles bandits; qu'il allait sacrifier sa vie pour la nôtre si nous voulions leur opposer une énergique résistance.

Cette proposition fut accueillie avec ardeur; chacun improvisa une arme de fer ou de bois; deux solides barricades furent établies à l'entrée des portes du troisième étage; une ouverture fut pratiquée au plancher pour communiquer notre résolution à l'étage inférieur, où les sergents de ville méditaient le même dessein. Sous la direction du gardien Pinel et d'un zouave entreprenant, le pavillon de l'est devenait une véritable forteresse.

La Commune, qui devait parodier et même dépasser tout ce qu'il y avait d'odieux et de grotesque dans la révolution de 1793, laissait pénétrer dans la cour cette ignoble populace qu'on ne voit à Paris que dans les jours sinistres, pour lui ménager le spectacle d'une nouvelle journée de septembre.

Pendant qu'elle proférait des menaces, quelques-uns des gardes nationaux chargés de nous fusiller montèrent au troisième étage, annonçant qu'on allait faire sauter la prison par la mine ou la réduire en cendres avec leur épouvantable artillerie du Père-Lachaise, et mirent le feu à une de nos barricades pour nous asphyxier. L'incendie fut bientôt éteint. Un détail que je tiens à ne pas oublier : l'individu qui agitait son fusil de la manière la plus cynique, était un des condamnés à mort par la cour d'assise de la Seine, qui se trouvaient à la Roquette, et les détenus qui s'étaient fait ouvrir la porte, quittaient la prison au cri enthousiaste de : « Vive la Commune ! »

Notre énergique résistance causa une vive émotion à la Commune, qui s'enfuit, elle aussi, du côté de Charonne et de Belleville. La foule, impressionnée par cet exemple, suivit la Commune, et les portes de la prison purent être fermées. Nous étions à moitié sauvés, grâce à la déroute qui s'en suivit. C'est alors que, passant de la menace à la séduction, la populace restée devant la Roquette se mit à crier : « Vive la ligne ! » assurant qu'elle voulait simplement rendre la liberté à tous les prisonniers.

Quatre ecclésiastiques et dix-huit soldats se laissèrent abuser par ces promesses ; ils furent fusillés aussitôt contre un des murs de la prison, et les corps des quatre prêtres servirent de couronnement à la barricade voisine.

Pendant la nuit, une garde sévère fut établie dans les deux étages ; les cris menaçants proférés à l'extérieur n'effrayèrent personne. Enfin, dimanche 28, au lever du jour, la fusillade des troupes de Versailles, dont nous suivions le crépitement avec une émotion plus facile à comprendre qu'à exprimer, nous annonçait leur approche ; à cinq heures un quart, la barricade placée en face de la Roquette était emportée d'un élan, et les soldats d'infanterie de marine prenaient possession de la prison.

Nous étions rendus d'une manière tout à fait inespérée à la vie, après quatre jours de l'agonie la plus cruelle qui se puisse imaginer.

Un prisonnier de la Roquette, M. Evrard, sergent-major du 106e bataillon, a communiqué au même journal quelques renseignements qui complètent ceux que donne M. l'abbé Lamazou :

Paris, 28 mai 1871.

Monsieur le rédacteur,

Je viens de rentrer chez moi, après un séjour de près de deux mois dans les prisons de la Commune; arrêté le 3 avril, je n'ai pu recouvrer ma liberté que le 27 mai, grâce à un concours providentiel de circonstances.

A peine entre les mains de ces bandits, je fus conduit au dépôt de la préfecture, où je restai jusqu'au 14 avril. Le 22 mai, j'étais extrait de la prison de Mazas, où j'avais été enfermé depuis le 14 avril, et transféré avec trente-cinq autres prisonniers à la Grande-Roquette, au dépôt des condamnés. Parmi ceux-ci se trouvaient l'archevêque de Paris et M. l'abbé Deguerry, curé de la Madeleine.

Mgr Darboy occupait la cellule n° 24 de la 4e division, et je me trouvais à quelque distance de lui, dans la cellule n° 26. La cellule occupée par le respectable prélat était autrefois le cabinet d'un surveillant. Ses compagnons de captivité étaient parvenus à lui procurer une table et une chaise. La cellule était elle-même plus vaste que les autres.

Le mercredi 24 mai, à sept heures et demie du soir, le directeur de la prison, un certain Lefrançais, homonyme du membre de la Commune et ayant séjourné six années au bagne, monta dans la prison à la tête de cinquante fédérés, parmi lesquels se trouvait un pompier, et occupa la galerie dans laquelle étaient enfermés les prisonniers principaux. Ces fédérés se rangèrent dans la galerie qui conduit au chemin de ronde du Nord, et peu d'instants après un brigadier de surveillants alla ouvrir la cellule de l'archevêque et l'appela à voix basse. Le prélat répondit : *Présent !*

Puis il passa à la cellule de M. le président Bonjean, puis ce fut le tour de M. l'abbé Allard, membre de la Société internationale de secours aux blessés ; le P. Ducoudray, supérieur de l'école Sainte-Geneviève, et le P. Clair, de la Compagnie de Jésus ; enfin le dernier appelé fut M. l'abbé Deguerry, le curé de l'église de la Madeleine. A peine leur nom était-il prononcé, que chacun des prisonniers était amené dans la galerie et descendait l'escalier conduisant au chemin de ronde ; sur les deux côtés, autant qu'il me fut permis de le juger, se tenaient les gardes fédérés, insultant les prisonniers et leur lançant des épithètes que je ne puis reproduire.

Mes infortunés compagnons furent ainsi accompagnés par les huées de ces misérables jusqu'à la cour qui précède l'infirmerie. Là il y avait un peloton d'exécution. Mgr Darboy s'avança, et s'adressant à ses assassins, il leur adressa quelques paroles de pardon. Deux de ces hommes s'approchèrent du prélat ; et, devant leurs camarades, s'agenouillèrent et implorèrent son pardon. Les autres fédérés se précipitèrent vers eux et les repoussèrent en les insultant ; puis, se retournant vers les prisonniers, ils leur adressèrent de nouvelles injures. Le commandant du détachement en fut outré ; il fallait donc que ce fût bien exagéré. Il imposa silence à ces hommes, et après avoir lancé un épouvantable juron :

« Vous êtes ici, dit-il, pour fusiller ces gens-là et non pas pour les eng..... »

Les fédérés se turent et, sur le commandement de leur lieutenant, ils chargèrent leurs armes.

Le P. Allard fut placé contre le mur et fut le premier

frappé ; puis Mgr Darboy tomba à son tour. Les six prisonniers furent ainsi fusillés et montrèrent tous le plus grand courage.

Après cette tragique exécution, faite sans qu'il fût rédigé un procès-verbal, et en présence seulement de quelques bandits, les corps des malheureuses victimes furent placés tout habillés dans une voiture de la Compagnie de Lyon réquisitionnée à cet effet, et conduits au Père-Lachaise, où ils furent déposés dans la dernière tranchée de la fosse commune, à côté les uns des autres, sans même qu'on prît soin de les couvrir de terre.

Ces exécutions du 24 n'étaient que le prélude de celles qui eurent lieu avant-hier.

J'ai pu, grâce à la bienveillance d'un surveillant M. Langevin, qui s'efforça de rendre notre captivité moins dure, obtenir ces quelques renseignements et ceux qui suivent. Quelque incomplets qu'ils soient, ils jettent quelque lumière sur cet épouvantable drame.

Vendredi soir donc, la scène qui s'était passée dans la journée du mercredi se renouvela, et quinze prisonniers, parmi lesquels se trouvaient M. de Vraisse, autrefois employé à la préfecture de police ; le P. Radigue et le P. Ollivain, de la Compagnie de Jésus, tombèrent sous les balles de ces misérables assassins.

Ce même jour est mort un jeune séminariste, à peine âgé de vingt ans, M. Seigneuray, fils du directeur du collége de Lons-le-Saulnier. Il me disait : « Mon pauvre père ! mes pauvres parents ! quel désespoir pour eux ! Enfin, je paye pour la position de mon père ; heureux si ma mort peut sauver un de mes semblables et donner quelques remords à mes bourreaux ! »

Hier samedi, le surveillant Langevin vint nous trouver vers trois heures de l'après-midi, et nous prévint de ne pas nous émouvoir du bruit qui se faisait à l'extérieur. Nous pressentions en effet de graves événements. Le surveillant nous recommanda le calme et la patience.

A la même heure, le délégué à la sûreté générale Ferré, membre de la Commune, vint s'installer au greffe et fit venir les condamnés du pénitencier et les hommes qui étaient détenus dans la prison en attendant leur transfert au bagne. Il leur déclara « qu'ils étaient libres. » Des armes et des munitions furent données à ces bandits, et de suite commença le massacre d'un grand nombre de prisonniers, au nombre desquels se trouvaient soixante-six gendarmes. Cinq gendarmes ont bienheureusement échappé au massacre ; ils se trouvaient à l'infirmerie. Vers sept heures, les détenus étaient délivrés et armés. Les gardiens de la prison étaient-ils ivres ou avaient-ils jugé à propos de s'échapper ? Toujours est-il que le surveillant Langevin remonta, et ouvrant en toute hâte les portes de nos cellules, il nous dit : « Sauvez-vous, vous le pouvez, mais faites vite ! »

Nous nous élançâmes hors de la prison. Arrivés sur la place de la Roquette, nous nous divisâmes. M. Rabut, commissaire de police, est sorti en même temps que moi ; j'ai cherché un asile dans ce quartier, et ce matin je regagnais mon domicile.

Voici, monsieur le rédacteur, les renseignements que je puis vous donner. C'est peut-être tout ce qu'on pourra savoir de cette époque sanglante de notre histoire.

FIN DES NOTES ET PIÈCES JUSTIFICATIVES.

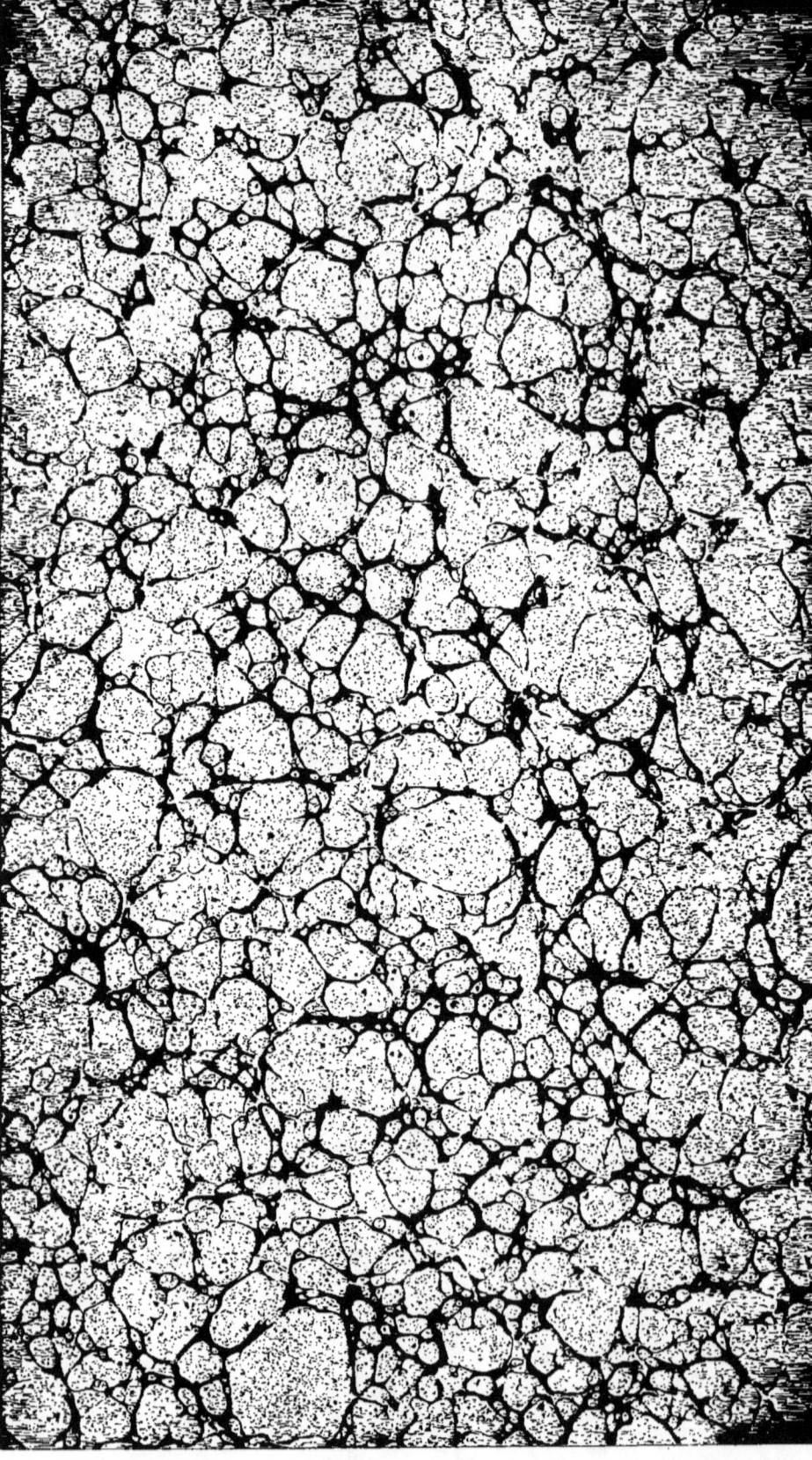

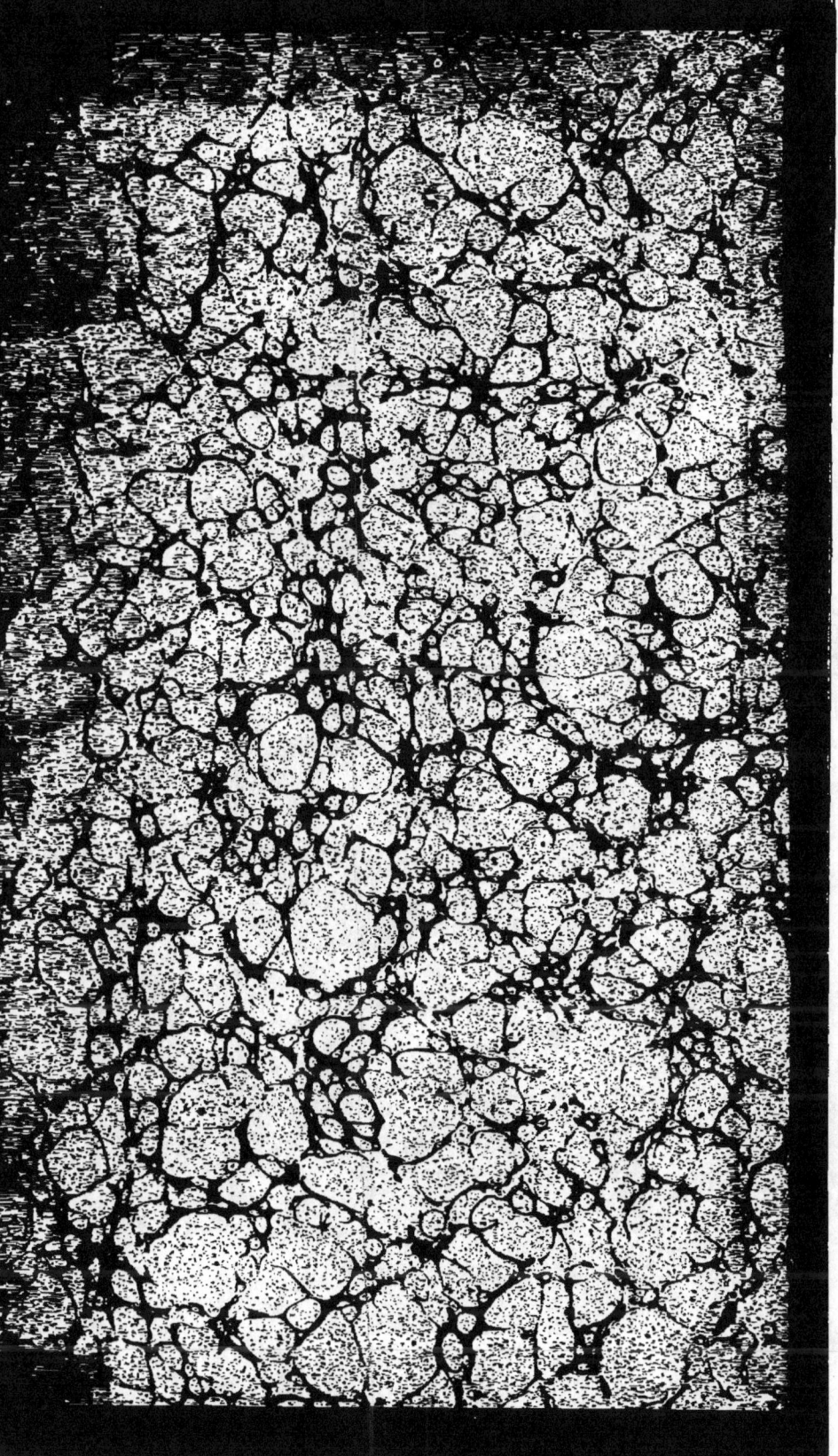

www.ingramcontent.com/pod-product-compliance
Lightning Source LLC
Chambersburg PA
CBHW070626160426
43194CB00009B/1379